LIBRO DE COCINA LA BIBLIA DEL MOLINILLO Y LOS CONVOLUCIÓN

100 APERITIVOS DE FIESTA FÁCILES Y AGRADABLES

Juan Manuel Sanz

TABLA DE CONTENIDO

INTRODUCCIÓN

Ya sea que los llames molinetes o roll-ups, hay algo en este aperitivo de fiesta que te hace querer volver por más. Las espirales rellenas no solo se ven hermosas en cualquier aperitivo navideño, sino que también son una sabrosa adición a sus recetas de comida rápida, comidas compartidas navideñas o incluso se sirven como refrigerio después de la escuela. Son fáciles. Puedes hacerlos con anticipación. No hay nada complicado en ellos. Es por eso que hemos reunido las mejores recetas de molinillos para cada ocasión. Disfrutar.

MOLINILLOS DE TORTILLA

1. Molinillos de frutas finlandeses

Rinde: 84 porciones

INGREDIENTES:
- ½ libra de ciruela pasa picada
- ½ libra de dátiles picados
- 1 taza de agua hirviendo
- 3 tazas de harina para todo uso
- 1 taza de azúcar
- 2 cucharaditas de polvo de hornear
- ½ cucharadita de sal
- 2 cucharadas de azúcar
- 1 cucharada de mantequilla o margarina
- 1 taza de mantequilla
- 1 huevo - batido
- 3 cucharadas de crema
- 1 cucharadita de extracto de vainilla

INSTRUCCIONES:
a) En una cacerola, combine las ciruelas pasas, los dátiles, el agua y el azúcar.

b) Cocine a fuego lento, revolviendo constantemente, hasta que espese. Retire del fuego y agregue la mantequilla. Fresco.

c) Mientras tanto, en un tazón, tamice la harina, el azúcar, el polvo de hornear y la sal.

d) Cortar en mantequilla como para un pastel de masa.

e) Mezcle el huevo, la crema y la vainilla. Formar dos bolas. Coloque una bola a la vez en una tabla enharinada y enrolle hasta que tenga un grosor de ⅛ de pulgada. Cortar en 2 en cuadrados. Coloque en bandejas para hornear galletas sin engrasar.

f) Haga ranuras de 1 pulgada en las esquinas. Coloque ½ cucharadita de relleno en el centro del cuadrado.

g) Lleve todas las esquinas hacia el centro para formar un molinete y presione ligeramente.

h) Repita con el resto de la masa y el relleno.

i) Hornear a 325 grados. durante 12 min. o hasta que las puntas estén doradas claras.

2. Molinillos de manzana y natillas

Rinde: 1 porciones

INGREDIENTES:
- ½ Receta de requesón
- Leche para glasear
- 1 taza de puré de manzana; endulzado
- 1 yema de huevo
- 1 cucharada de azúcar
- 1 cucharada de harina
- 150 mililitros de leche

INSTRUCCIONES:
a) Corte la masa en 16 cuadrados, de 3" por 3".
b) En un cuadrado, corte en diagonal desde la esquina, dejando un área en el centro que no esté cortada, de aproximadamente 1 pulgada de ancho. Ponga una cucharadita de uno o ambos rellenos en el centro.
c) Toma una esquina y dóblala hacia el medio.
d) Pasa al siguiente triángulo y dobla en una esquina.
e) Haz esto para los 4 triángulos, de modo que tengas una forma de molinete.
f) Use una rebanada de pescado para levantar sobre una bandeja engrasada o forrada, y pinte con leche o huevo y leche.
g) Hornee a 190 C, 375 F durante 20 minutos hasta que los puntos estén dorados.

PARA HACER NATILLA:
h) Mezcle todo junto y cocine en el microondas durante 2 minutos, revolviendo ocasionalmente, o cocine a fuego lento en una cacerola hasta que espese.
i) Tendrá un sabor un poco crudo en esta etapa, pero estará bien después de hornear.

3. Molinillos de frutas faciles

Rinde: 1 porciones

INGREDIENTES:
- 1 hoja de hojaldre congelada; descongelado
- ½ taza de azúcar; (acerca de)
- ½ taza de mermelada o conservas; (acerca de)

INSTRUCCIONES:
a) Precaliente el horno a 400F. Extienda la hoja de masa sobre la superficie de trabajo para eliminar las arrugas.

b) Pincelar la masa con agua. Comenzando en 1 borde, enrolle la masa con fuerza al estilo de un rollo de gelatina.

c) Corte la masa en rodajas generosas de ¼ de pulgada de grosor.

d) Coloque el azúcar en un plato y presione 1 ronda en el azúcar. Colóquelo en una bandeja para hornear, con el lado del azúcar hacia arriba y el extremo hacia abajo. Repita con las rondas de masa restantes. Presione el centro de la ronda con el dedo para formar un pequeño hueco.

e) Vierta 1 cucharadita de mermelada en el hueco. Espolvorea los pasteles con azúcar adicional.

f) Hornee los pasteles hasta que estén dorados, unos 20 minutos. Enfriar en rejillas.

4. Molinillos de frambuesa y nuez

Rinde: 36 porciones

INGREDIENTES:
- 2 tazas de harina para todo uso sin tamizar
- 1 cucharadita de polvo de hornear
- ½ taza (1 barra) de mantequilla o margarina, blanda
- 1 taza de azúcar
- 1 huevo
- 1 cucharadita de vainilla
- ¼ taza de mermelada de frambuesa sin semillas
- 1 taza de nueces finamente picadas

INSTRUCCIONES:
a) Tamiza la harina y el polvo de hornear en papel encerado.
b) Bate la mantequilla, el azúcar y el huevo en un tazón grande con una batidora eléctrica hasta que quede esponjoso. Agregue la vainilla.
c) Poco a poco agregue la mezcla de harina, revolviendo hasta que esté bien combinado.
d) Estire la masa entre dos pedazos de papel encerado en un rectángulo de 12x10 pulgadas.
e) Retire la pieza superior de papel encerado. Extienda la mermelada uniformemente sobre toda la superficie de la masa. Espolvorea uniformemente con nueces.
f) Enrolle firmemente la masa desde un lado largo, estilo gelatina, quitando el papel encerado mientras la enrolla. Envuelva el rollo en papel encerado y refrigere varias horas o toda la noche.
g) Cuando esté listo para hacer galletas, precaliente el horno a 375 grados.
h) Corte el rollo en rebanadas generosas de ¼ de pulgada de grosor con un cuchillo fino y afilado.
i) Transfiera las rebanadas a una bandeja para hornear galletas sin engrasar, con una separación de 2 pulgadas.
j) Hornear en precalentado 375 grados. horno durante 9 minutos o hasta que estén dorados alrededor de los bordes. Enfriar sobre rejillas de alambre.

5. Molinillos de Mango y Salchicha

Rinde: 12 porciones

INGREDIENTES:
- 500 g de salchicha picada
- 36 hojas de espinacas tiernas
- 185 g de chutney de chile y mango
- 1 cebolla pequeña finamente picada
- 1 cucharadita de condimento marroquí opcional
- 1 pizca de sal y pimienta
- 3 hojas de hojaldre
- 1 cucharada de leche

INSTRUCCIONES:
a) Combine la cebolla, el chutney de mango, la salchicha picada, la sal, la pimienta y el condimento marroquí en un tazón mediano.

b) Extender sobre láminas de masa, dejando un pequeño espacio en el otro extremo.

c) Cubre la carne con una capa de hojas de espinaca baby.

d) Enrolle la masa desde el borde más cercano. Pasa una brocha de repostería mojada en leche a lo largo del borde más alejado para sellar la masa en forma de salchicha larga.

e) Cortar en 12 rebanadas y colocar las piezas sobre una bandeja engrasada.

f) Hornear a 180C durante 12-15 minutos hasta que esté cocido.

6. Molinillos De Hojaldre De Peras

Hace: 25 molinetes

INGREDIENTES:
- 1 hoja de masa de hojaldre descongelada
- ⅔ taza de pera cortada en cubos muy pequeños
- ¼ taza de queso Asiago Yo uso queso Asiago con pimienta, rallado
- ⅛ tazas de pistachos finamente picados
- ⅛ taza de arándanos rojos secos finamente picados
- ½ cucharadita de romero opcional
- 1 huevo batido
- ½ cucharadita de sal marina

INSTRUCCIONES:

a) En una superficie enharinada, desdoble la masa de hojaldre descongelada y extiéndala en un cuadrado más grande, principalmente para que la hoja de masa sea más delgada.

b) En una tabla de cortar grande, prepare los rellenos. Cortar la pera por la mitad y quitar el corazón. Cortar la pera en rodajas finas y luego cortar las rodajas en tiras y luego en dados.

c) Con un rallador, desmenuce el queso, o puede usar queso previamente rallado.

d) En un tazón pequeño bata el huevo. Cubra la masa con todo el relleno. Deje un lado largo de la masa sin el relleno y pinte con el huevo batido.

e) Empieza a enrollar la masa sobre los ingredientes hasta formar un rollo apretado. Sella el borde con el huevo batido.

f) Caliente el horno a 400 ° F mientras la masa se enfría.

g) Envuelva los troncos en plástico y enfríe en el refrigerador durante una hora. O en este punto, puede congelar estos rollos durante varios meses.

h) Después de que la masa se enfríe, córtela en rodajas. Corté el mío en rebanadas de ½ ". Colóquelo en una bandeja para hornear forrada con una estera para hornear de silicona. Cepille la parte superior con el huevo batido y espolvoree con sal.

i) Hornee los pasteles durante 17-20 minutos hasta que estén ligeramente dorados.

j) Estos pasteles se sirven mejor mientras están calientes.

k) Guarde los pasteles sobrantes en un recipiente hermético.

7. Molinillos de canela y manzana

Hace: 14 molinetes

INGREDIENTES:
- 1 hoja de hojaldre de mantequilla
- 1 cucharadita de canela molida
- 2 cucharadas de azúcar
- 1 manzana para cocinar

INSTRUCCIONES:
a) Precaliente el horno a 200 grados C (390 F).
b) Retire la masa del congelador y descongele.
c) Cubra una bandeja para hornear con papel para hornear.
d) Mezcla el azúcar y la canela en un tazón pequeño.
e) Pelar y descorazonar la manzana. Cortar en dados pequeños, de aproximadamente ½ cm (⅕ pulgada).
f) Coloque su masa en la bandeja para hornear y cubra con el azúcar de canela y la manzana finamente picada.
g) Comience a enrollar lentamente la masa desde el extremo más cercano a usted. Siga rodando hacia adelante, razonablemente firme, hasta que haya llegado al final del rollo.
h) Cubra con film transparente y enfríe el rollo de hojaldre durante unos 30 minutos para que sea más fácil de cortar.
i) Recorte los extremos con un cuchillo de sierra y deséchelos.
j) Rebane el molinete de aproximadamente 1 cm (½ pulgada) de grosor.
k) Coloque sus molinetes en la bandeja para hornear preparada. Para evitar que se deshagan, con las yemas de los dedos, pellizque suavemente el extremo exterior de la masa contra el rollo.
l) Hornee durante 12-15 minutos, o hasta que estén doradas.
m) Sirva tibio o deje que se enfríe por completo antes de guardarlo en un recipiente sellado.

8. Molinillos de pesto con queso y aceitunas

Hace: 100

INGREDIENTES:
- 12 onzas de queso crema; suavizado
- 1 taza de parmesano rallado
- 2 cebollas verdes con tapas; picado
- ⅓ taza Tu salsa pesto favorita
- 1 paquete de láminas de hojaldre congelado; descongelado hasta que esté frío
- Suficiente para rodar pero todavía frío
- 1½ taza de aceitunas maduras enteras sin hueso; en cuña o picado grueso

INSTRUCCIONES:
a) Batir el queso crema, el parmesano, las cebollas verdes y el pesto hasta que estén bien mezclados. En una superficie ligeramente enharinada, enrolle la mitad de la masa de hojaldre (1 hoja) en un rectángulo de 10x6 pulgadas.

b) Extienda la mitad de la mezcla de queso sobre la masa, cubriéndola por completo.

c) Esparza la mitad de las aceitunas sobre el relleno.

d) Enrolle a lo largo como un rollo de gelatina, comenzando por el lado largo para formar un tronco.

e) Repita con la masa restante, el relleno y las aceitunas. Congele los troncos hasta que estén sólidos.

f) Caliente el horno a 375 grados. Retire los troncos del congelador 10-15 min. antes de hornear.

g) Cortar en rodajas de ¼ de pulgada de grosor.

h) Coloque 1½ pulgadas de distancia en bandejas para hornear antiadherentes.

i) Hornear 10-12 min. o hasta que estén ligeramente dorados.

9. Molinillos de parmesano y pesto

Hace: 35 molinetes

INGREDIENTES:
- 1 Hoja de hojaldre congelado
- ⅓ taza de salsa pesto; comprado en la tienda o hecho en casa
- ½ taza de queso parmesano rallado
- 1 huevo; golpeado con
- 1 cucharadita de agua

INSTRUCCIONES:
a) Descongele el hojaldre 20 minutos. Desdoblar y enrollar sobre una superficie ligeramente enharinada hasta formar un rectángulo de 14 x 11. Untar uniformemente con salsa pesto y espolvorear con queso parmesano.

b) Comenzando por el borde largo, enrolle la masa como un rollo de gelatina.

c) Corte el rollo de masa transversalmente en rebanadas de ⅜ de pulgada de grosor. Coloque en una bandeja para hornear ligeramente engrasada y cepille con la mezcla de huevo.

d) Hornee a 400 grados durante 8 a 10 minutos o hasta que estén doradas. Transfiera a una rejilla y sirva mientras está caliente.

10. Molinillos salados de queso feta y espinacas

Rinde: 10 porciones

INGREDIENTES:

- 5 tazas de harina para todo uso
- 1½ cucharadita de sal
- 2 cucharadas de polvo de hornear
- ½ taza de queso parmesano rallado
- ½ cucharadita de pimienta negra
- 1½ cucharadita de albahaca seca
- 8 onzas de mantequilla fría; cortar en pedazos pequeños
- 1¾ taza de crema espesa
- 2 huevos; vencido
- ½ libra de queso feta desmenuzado; agotado
- 1½ taza de queso ricota
- ½ cucharadita de eneldo seco
- ½ cucharadita de pimienta negra
- 24 onzas de espinacas picadas congeladas; descongelado y exprimido
- 2 huevos; vencido

INSTRUCCIONES:

a) Precaliente el horno a 375 grados. En un procesador de alimentos, combine la harina, la sal, el polvo para hornear, el queso parmesano, la pimienta y la albahaca.

b) Agregue la mantequilla y el procesador de pulsos hasta que la mezcla se asemeje a la textura de la harina de maíz.

c) Agregue la crema y 2 huevos y mezcle para mezclar. Retire la masa y extiéndala sobre una superficie ligeramente enharinada hasta que tenga aproximadamente ½ pulgada de espesor.

d) Para hacer el relleno, combine el queso feta, la ricota, el eneldo, la pimienta y la espinaca en una batidora o procesador de alimentos. Extienda el relleno uniformemente sobre el rectángulo de masa.

e) Comenzando por el borde largo, enrolle la masa sobre el relleno. Corte la masa enrollada en longitudes de 2 pulgadas y coloque molinetes en una bandeja para hornear ligeramente engrasada.

f) Batir dos huevos y pincelar molinete ligeramente. Hornee de 25 a 35 minutos, hasta que estén ligeramente doradas. Hace 10 molinetes.

11. Molinillos de queso crema y pimiento

Rinde: 1 porciones

INGREDIENTES:
- 8 onzas de queso crema (reg., light o sin grasa)
- 5 tortillas de harina redondas de 8 pulgadas
- 1 cebolla verde, picada
- 1½ cucharada de chiles verdes, picados
- 1 cucharada de pimiento morrón (colmado), picado
- 4 onzas de aceitunas negras picadas, escurrir

INSTRUCCIONES:
a) Suavizar el queso crema en un bol durante 15 minutos, luego untar sobre las tortillas.
b) Coloca los ingredientes restantes encima del queso crema.
c) Enrolle bien y envuélvalo en una envoltura de plástico.
d) Coloque en el refrigerador hasta que esté listo para servir. Cortar en rodajas de ¾ de pulgada.

12. Molinetes de pizza con queso

Hace: 12 molinetes

INGREDIENTES:
MASA
- 1 13 onzas paquete masa de pizza refrigerada

SALSA DE PIZZA FÁCIL
- 2 tazas de salsa marinara
- 1/2 cucharadita de cebolla en polvo, albahaca seca, perejil seco
- 1/4 cucharadita de orégano seco, ajo en polvo, sal, pimienta, pimiento rojo triturado

COBERTURAS
- 1 taza de queso mozzarella recién rallado
- 1/3 taza de queso parmesano recién rallado
- 32 pepperoni
- 1/2 taza de pimientos verdes finamente picados

INSTRUCCIONES:
a) Precaliente el horno a 375 grados F. Cubra una bandeja para hornear con papel pergamino. Dejar de lado.
b) Extienda un trozo largo de papel pergamino y enharínelo ligeramente.
c) Enrolle la masa en un rectángulo de 12 × 16 pulgadas sobre papel pergamino enharinado.
d) Bate todos los INGREDIENTES de la salsa para pizza:. Extienda uniformemente ¾ de taza de salsa para pizza sobre la masa, dejando un borde de 1" en el borde largo superior,
e) Cocine el pepperoni en el microondas en un plato forrado con toallas de papel durante 20 segundos y luego elimine el exceso de grasa. Cubra uniformemente la salsa con mozzarella, pepperoni, pimientos verdes y queso parmesano.
f) Comenzando desde el lado largo más cercano a usted, enrolle bien la masa, pellizcando cualquier INGREDIENTES: escape y selle la unión.
g) Con un cuchillo de sierra, corta los extremos del rollo y luego córtalo en 12 partes iguales.
h) Corta estas piezas en 3 molinetes.

i) Coloque el molinete, con el lado cortado hacia arriba, en una bandeja para hornear preparada.

j) Hornee a 375 grados F durante 25-30 minutos o hasta que la masa esté dorada.

k) Retire del horno y deje enfriar durante 5 minutos antes de retirar los molinetes de la sartén a una rejilla.

l) Adorne con perejil fresco y sirva con la salsa de pizza caliente restante si lo desea.

13. Molinillos de hojaldre con champiñones y queso

Hace: 15

INGREDIENTES:
- 1 hoja de hojaldre, descongelado
- 1 cucharada de aceite de oliva o mantequilla vegana
- 1 chalota pequeña finamente picada
- 1 diente de ajo picado
- 1/2 cucharadita de tomillo fresco
- 1/2 cucharadita de pimienta negra o al gusto
- 8 onzas de champiñones mixtos picados
- 1/2 cucharada de tamari bajo en sodio
- 1 cucharada de harina para espolvorear
- 1/2 taza de queso mozzarella vegano
- 1/4 taza de queso parmesano vegano, rallado

INSTRUCCIONES:
a) Descongele la masa de hojaldre según las instrucciones del paquete.

b) Precaliente el horno a 425F. Cubra una bandeja para hornear con papel pergamino y reserve.

c) Derrita la mantequilla en una sartén a fuego medio-alto. Agregue la chalota y saltee durante 3 a 5 minutos, hasta que esté fragante. Agregue los champiñones, el tomillo y la pimienta negra y mezcle bien. Saltee durante 5-7 minutos, revolviendo ocasionalmente. Agregue el ajo y el tamari, luego saltee durante 1 a 2 minutos más. Sáquelo del fuego y apártelo.

d) Espolvorea ligeramente una tabla de cortar o una superficie de trabajo limpia con harina, luego coloca la masa de hojaldre encima. Use un rodillo para estirar la masa de hojaldre hasta que tenga alrededor de 12 "por 15-16".

e) Espolvorea la mozzarella vegana y el parmesano sobre la superficie de la masa, dejando un borde de 1" en un extremo largo de la masa.

f) Usa una espátula para esparcir los champiñones cocidos sobre el queso, manteniendo el mismo borde.

g) Use un cepillo o sus dedos para cepillar ligeramente el borde limpio de la masa con agua. Use dos manos para enrollar la masa de hojaldre hacia el borde, aplicando presión adicional una vez que llegue al final para sellar la masa.

h) Coloque la masa enrollada en el refrigerador durante 20-30 minutos primero, para que esté más firme cuando use un cuchillo.

i) Deslice un trozo largo de hilo dental debajo del rollo de hojaldre, luego cruce las dos hebras sobre la parte superior para formar una pieza de 1". Continúe tirando de los hilos cruzados hasta que corten el rollo por completo, luego transfiéralo a la bandeja para hornear.

j) Hornee en la rejilla superior del horno durante 18 a 22 minutos, hasta que la masa esté dorada.

k) Retire del horno y sirva tibio o frío.

14. Galletas de molinillo de nueces y dátiles

Rinde: 1 porciones

INGREDIENTES:
- ½ taza de mantequilla
- ½ taza de azúcar
- ½ taza de azúcar moreno
- 1 huevo
- 2 cucharaditas de vainilla
- 1¾ taza de harina
- ½ cucharadita de sal
- ½ cucharadita de bicarbonato de sodio
- 8 onzas de dátiles
- ⅓ taza de azúcar
- ⅓ taza de agua
- ¼ taza de nueces picadas muy finas
- ½ cucharadita de vainilla

INSTRUCCIONES:
PARA LA MASA:
a) Crema juntos primero 5 INGREDIENTES:. Agrega los ingredientes secos. Forme la masa en una bola; cubra y refrigere por varias horas. Separe la masa fría en 2 bolas. Enrolle la bola en un rectángulo: la masa debe ser bastante delgada.
PARA RELLENAR:
b) Picar los dátiles; colocar en una cacerola. Agregue los ingredientes restantes y cocine a fuego lento, revolviendo hasta que se forme una pasta, aproximadamente 15 minutos.

c) Enfriar completamente.
d) Esparce el relleno sobre la masa; Enrolle la masa y rellene el estilo de rollo de gelatina.
e) Rebane ½" de espesor; hornee a 350 por 10 a 12 minutos o hasta que estén doradas.

15. Molinillos de perejil y nueces

Rinde: 1 porciones

INGREDIENTES:
- 2 tazas de harina para todo uso
- 1 cucharadita de sal
- 1 libra de Cheddar extra fuerte; rallado (alrededor de 3 3/4 tazas)
- 1 barra de mantequilla sin sal; cortado en pedacitos (1/2 taza)
- 5 cucharadas de agua helada; hasta 6
- 1 diente de ajo
- 2 tazas de hojas de perejil frescas sueltas
- ½ taza de trozos de nuez

INSTRUCCIONES:
a) En un procesador de alimentos, mezcle la harina, la sal, el Cheddar y la mantequilla hasta que la mezcla parezca harina.

b) Con el motor en marcha, agregue 5 cucharadas de agua y mezcle la mezcla, agregando más agua si es necesario, hasta que se forme una masa.

c) Transfiere la masa a una hoja de papel encerado y córtala por la mitad. Con el motor en marcha, echa el ajo en el procesador de alimentos y pícalo.

d) Apague el motor, agregue el perejil y las nueces, y tritúrelos hasta que estén picados gruesos.

e) Agregue la mitad de la masa, reservando la otra mitad, enfriada, y mezcle la mezcla, raspando los lados, hasta que la mezcla de perejil se distribuya uniformemente por toda la masa.

f) Coloque la mitad de la masa de perejil en un rectángulo de 7 por 5 pulgadas sobre una hoja de papel encerado, reserve la otra mitad, cúbrala con otra hoja de papel encerado y enróllela en un rectángulo de 12 por 7 pulgadas.

g) Transfiera la masa en el papel encerado a una bandeja para hornear y enfríela durante 10 minutos, o hasta que esté firme pero flexible. Repita el procedimiento de estirar y enfriar con la mitad de la masa de queso natural reservada.

h) Deseche la hoja superior de papel encerado de la masa de queso simple y coloque la masa de perejil, sin envolver, encima, presionando las 2 capas ligeramente con el rodillo.

i) Usando la hoja inferior de papel encerado como guía y comenzando con un lado largo, enrolle la masa firmemente como un rollo de gelatina y enfríe el rollo, bien envuelto, durante al menos 1 hora o toda la noche. Repita todo el procedimiento con el perejil restante reservado y las masas de queso simple.

j) Los rollos de masa se pueden hacer con 1 semana de anticipación y mantener bien tapados y refrigerados.

k) Desenvuelva los rollos y córtelos transversalmente en rebanadas de ¼ de pulgada de grosor. Hornee los molinetes en lotes en bandejas para hornear engrasadas en medio de un precalentado 400F. hornéalas de 12 a 14 minutos, o hasta que estén doradas, transfiérelas a medida que se hornean a rejillas, y déjalas enfriar.

16. Molinillos de patata y cacahuete

Rinde: 1 porciones

INGREDIENTES:
- ⅓ taza Fría; puré de papas sin condimentar
- ¼ taza de mantequilla
- 1 cucharadita de vainilla
- 5 tazas Sin cernir; 10x azúcar glas
- 1 taza de mantequilla de maní

INSTRUCCIONES:
a) Mezcle las papas, la mantequilla y la vainilla en un tazón grande o procesador de alimentos hasta que quede suave.

b) Agregue 10x azúcar 1 taza a la vez y mezcle hasta que esté lo suficientemente rígido para darle forma.

c) Extienda los dulces entre 2 hojas de papel encerado en un rectángulo. Unte con mantequilla de maní.

d) Enrolle desde un lado largo como un rollo de gelatina. Corte el rollo por la mitad para formar 2 rollos de 9" de largo.

e) Envuélvalo en una envoltura de plástico. Enfriar 2-3 horas.

f) Cortar en pedazos.

17. Molinillos de chocolate con coco

Rinde: 48 porciones

INGREDIENTES:
- 1 barra de mantequilla, ablandada
- 1 taza de azúcar
- 1 huevo
- 1 cucharadita de extracto de vainilla
- 2 tazas de harina para pastel
- ½ cucharadita de bicarbonato de sodio
- ½ cucharadita de sal
- 2 onzas de cuadrados de chocolate para hornear sin azúcar, derretidos
- ¾ taza de hojuelas de coco

INSTRUCCIONES:

a) En un tazón mediano, bata la mantequilla y el azúcar con una batidora eléctrica a velocidad media hasta que esté suave y esponjoso.

b) Batir el huevo y la vainilla. Agregue la harina para pastel mezclada con bicarbonato de sodio y sal y bata hasta que esté bien mezclado.

c) Divide la masa por la mitad entre 2 tazones.

d) Mezcle el chocolate derretido en la masa en un tazón y revuelva el coco en la masa en el otro tazón.

e) Cubra el tazón con una envoltura de plástico y refrigere durante al menos 1 hora, o hasta que esté firme.

f) Reúna la masa de chocolate en una bola, colóquela entre pedazos de papel encerado y extiéndala en un rectángulo de 8 x 12 pulgadas. Repita con la masa de coco.

g) Coloque un rectángulo encima del otro y enrolle desde un lado largo en un rollo de 12 pulgadas.

h) Envuelva en papel encerado y refrigere por unos 30 minutos, o hasta que esté firme.

i) Precalentar el horno a 350 grados. Con un cuchillo afilado, corte la masa en rebanadas de ¼ de pulgada. Coloque aproximadamente 3 pulgadas de distancia en bandejas para hornear sin engrasar.

j) Hornee durante 8 a 10 minutos, hasta que estén ligeramente doradas.

k) Deje que las galletas se enfríen durante 2 minutos.

18. Molinillos de nueces pecanas picantes

Rinde: 8 porciones

INGREDIENTES:
- 1 paquete (8 oz) de queso crema
- ⅓ taza de crema agria
- ½ taza de nueces pecanas, finamente picadas
- 2 cucharadas de Salsa Picante, Envasada
- 1 cucharadita de chile jalapeño
- 1 diente de ajo pequeño, triturado
- 4 tortillas de harina (8 pulg.)

INSTRUCCIONES:
a) En un tazón mediano, usando una batidora eléctrica de mano a med. velocidad, bata el queso crema y la crema agria hasta que quede suave y combine. Batir las nueces, la salsa picante, el chile y el ajo. 2. Extienda unas 6 cucharadas de la mezcla en una tortilla y enróllela firmemente.

b) Envuélvalo en una envoltura de plástico. Continuar el procedimiento con los INGREDIENTES restantes:. Refrigere los rollos durante al menos 4 horas o toda la noche.

c) Cuando esté listo para servir, retire la envoltura de plástico de los rollos. Cortar en rodajas de ½ pulgada de grosor y servir inmediatamente.

19. Molinillos de calabaza y nueces

Rinde: 96 porciones

INGREDIENTES:
- 1¾ taza Calabaza, enlatada o fresca
- 1 taza de azúcar granulada
- 4 tazas de harina para todo uso
- ½ cucharadita de bicarbonato de sodio
- ½ cucharadita de sal
- ½ cucharadita de canela
- 2 tazas de azúcar en polvo; tamizado
- 1 cucharada de mantequilla o margarina; derretida
- 1 cucharada de especias para pastel de calabaza
- 1 taza de nueces; Cortado
- 1 taza de manteca
- 2 tazas de azúcar granulada
- 3 huevos
- 1 cucharadita de extracto de vainilla
- 2 cucharadas de leche (2 a 3 T)

INSTRUCCIONES:
PARA RELLENAR:
a) En una cacerola mediana, combine la calabaza, el azúcar y las especias para pastel de calabaza; llevar a ebullición.
b) Reduzca el calor; cocine a fuego lento 10 minutos. Agrega las nueces. Fresco; dejar de lado.
PARA LA MASA:
c) En un tazón mediano, combine la harina, el bicarbonato de sodio, la sal y la canela; dejar de lado.
d) En un tazón grande para mezclar, ponga la manteca vegetal y el azúcar.
e) Agrega los huevos; batir hasta que quede esponjoso. Agrega los ingredientes secos; mezclar bien.
ARMAR:
f) Divide la masa en 3 porciones. En papel de aluminio enharinado, extienda 1 porción de masa en un rectángulo de 8 x 12 pulgadas (manteniendo la masa restante fría). Untar con ⅓ de relleno.

g) Comenzando desde el extremo ancho, enrolle como si fuera un rollo de gelatina. Envolver en papel de aluminio. Repita el proceso con la masa restante y el relleno.

h) Congele los rollos varias horas o toda la noche. Retire un rollo a la vez del congelador; desenvuélvelo y, con un cuchillo afilado, córtalo en rebanadas de ⅜ de pulgada. Coloque en una bandeja para hornear engrasada.

i) Hornee en horno precalentado a 400 grados durante 10 a 12 minutos, o hasta que estén dorados. Enfriar sobre una rejilla.

j) Rocíe con glaseado.

PARA LA FORMACIÓN DE HIELO:

k) En un tazón mediano, combine el azúcar en polvo, la mantequilla, la vainilla y la leche; mezclar hasta que esté suave.

20. Molinillos de chocolate con menta

Rinde: 10 porciones

INGREDIENTES:

- 1½ taza de chispas de chocolate y menta
- ¾ taza de mantequilla; Ablandado
- ⅓ taza de azúcar
- 1 huevo; Grande
- 1 cucharadita de extracto de vainilla
- ½ cucharadita de sal

INSTRUCCIONES:

a) Derrita, sobre agua caliente, ½ taza de chispas de chocolate con menta, revuelva hasta que quede suave.

b) Enfriar a temperatura ambiente, reservar. En un tazón grande, combine la mantequilla y el azúcar; batir hasta que esté cremoso.

c) Agregue el huevo y el extracto de vainilla, mezcle bien. Incorporar poco a poco la harina y la sal.

d) Coloque 1 taza de masa en un tazón pequeño. Agrega las papas fritas derretidas; mezcle bien.

e) Formar una bola, aplanar.

f) Cubra con una envoltura de plástico. Forma una bola con la masa restante; aplanar. Cubra con una envoltura de plástico.

g) Enfríe hasta que esté firme, alrededor de 1½ horas.

h) Precaliente el horno a 375 grados F.

i) Entre hojas de papel encerado, enrolle una bola de masa en un rectángulo de 13 x 9 pulgadas.

j) Retire las capas superiores de papel encerado e invierta la masa de chocolate sobre la masa normal.

k) Despegue el papel encerado. Comenzando desde el lado largo, enrolle el tipo de rollo de gelatina.

l) Cortar en rebanadas de ¼ de pulgada; colóquelo en una bandeja para hornear galletas sin engrasar. Hornee a 375 grados F. durante 7 a 8 minutos.

m) Enfriar completamente sobre rejillas de alambre.

n) Derrita sobre el agua caliente restante 1 taza de papas fritas; revuelva hasta que quede suave.

o) Unte el lado plano de la galleta con ½ cucharadita ligeramente redondeada de chocolate derretido. Enfriar hasta que cuaje.

21. Molinetes de albahaca y tomates secados al sol

Hace: 6

INGREDIENTES:
- 1/2 taza de tomates secados al sol
- 8 onzas de queso crema, bajo en grasa
- 1/4 taza de espinacas
- 2 dientes de ajo
- 1/4 onza de queso parmesano
- 1/4 cucharadita de sal
- 2 tortillas medianas, de trigo integral
- 15 hojas de albahaca, fresca

INSTRUCCIONES:
a) Dados los tomates secados al sol. Agregue a un tazón con el queso crema ablandado, las espinacas picadas, el ajo picado, el queso parmesano rallado y la sal. Revuelva bien para combinar.

b) Extienda el relleno sobre las tortillas (puede usar un tercio si es necesario).

c) Trate de esparcir el relleno hasta el borde de las tortillas.

d) Cubra con hojas frescas de albahaca y luego enrolle firmemente.

e) Use un cuchillo de sierra para cortar el rollo en trozos de 1 pulgada.

f) Corta el lado de la costura del rollo hacia abajo para ayudar a que los molinetes permanezcan juntos.

22. Molinillos picantes de higos y nueces

Rinde: 48 porciones

INGREDIENTES:
- 1 taza de higos Calimyrna picados (alrededor de 6 onzas)
- ¼ taza más 2 cucharadas de agua
- ¼ taza de azúcar granulada
- ¼ taza de nueces picadas
- 1½ taza de harina para todo uso
- ½ cucharadita de bicarbonato de sodio
- ¼ de cucharadita de sal
- 1 cucharadita de canela molida
- ½ cucharadita de nuez moscada molida
- ½ taza (1 barra) de mantequilla sin sal; a temperatura ambiente
- ¾ taza de azúcar moreno oscuro bien compactado
- ¼ taza de crema agria
- ½ cucharadita de extracto de limón

INSTRUCCIONES:
a) Combine los higos, el agua y el azúcar granulada en una cacerola pequeña.

b) Cocine a fuego medio durante unos 5 minutos, revolviendo constantemente, hasta que el agua se haya absorbido.

c) Retire del fuego, agregue las nueces y deje enfriar. En un tazón, mezcle la harina, el bicarbonato de sodio, la sal y las especias.

d) En un tazón grande, mezcle la mantequilla y el azúcar moreno con una batidora eléctrica a velocidad media hasta que quede suave y pálido. A baja velocidad, agregue la crema agria y luego el extracto de limón.

e) Agregue la mezcla de harina con una cuchara de madera. Convierta la masa en una bandeja para hornear pequeña que haya sido forrada con papel encerado. Con una espátula de goma, forme un rectángulo de aproximadamente 8 por 6 pulgadas. Cubra con una segunda hoja de papel encerado y refrigere por 30 minutos.

f) Extienda la masa sobre la bandeja para hornear en un rectángulo de 12 por 9 pulgadas. Retire la hoja superior de papel encerado. Extienda el relleno de higos de manera uniforme en la parte superior, dejando un borde de ½ pulgada a lo largo de los lados largos. Dobla el borde a lo largo de uno de los bordes largos y enrolla la masa con fuerza como un rollo de gelatina.

g) Engarce el borde opuesto cerrado para sellar. Envuelve en papel encerado y refrigera por lo menos 3 horas.

h) Precaliente el horno a 375 F.

i) Corte el rollo en rebanadas de ¼ de pulgada y colóquelo en bandejas para hornear galletas sin engrasar.

j) Hornee durante unos 12 minutos, hasta que esté ligeramente coloreado y firme al tacto.

k) Enfríe las galletas durante 1 minuto en las hojas, luego transfiéralas a rejillas de alambre para terminar de enfriar.

23. Molinillos de frijol y tortilla

Rinde: 48 porciones

INGREDIENTES:
- 8 tortillas de maíz; 6 pulgadas de diámetro
- 1 taza de salsa de frijoles negros o frijoles rosados sin grasa

INSTRUCCIONES:
a) Para ablandar las tortillas, apila 4 tortillas y envuélvelas en una toalla de papel húmeda.
b) Microondas a temperatura alta (100 % de potencia) durante 20 segundos.
c) Unta 2 cucharadas de salsa de frijoles sobre la tortilla; enrollar bien.
d) Coloque los palillos de manera uniforme a través de los rollos, usando 6 palillos de dientes por tortilla.
e) Corte con cuidado entre los palillos para obtener 6 molinetes redondos por tortilla.
f) Servir inmediatamente.

24. Molinillo de Maíz Callejero Mexicano

Marcas; 32

INGREDIENTES:
- 8 onzas de queso crema, ablandado
- ½ taza de mayonesa
- ⅓ taza de crema agria
- 1 cucharada de perejil fresco, picado
- 1 jalapeño, cortado en cubitos
- 4 cebollas verdes, en rodajas
- jugo de una lima
- 2 cucharaditas de chile en polvo
- 2 ½ tazas de granos de elote asados
- 1 taza de queso cotija o feta
- 4 tortillas de harina grandes

INSTRUCCIONES:
a) Mezcle el queso crema, la mayonesa y la crema agria en un tazón mediano con una batidora hasta que quede suave y cremoso.

b) Agregue el perejil, el jalapeño, las cebollas verdes, el jugo de limón, el chile en polvo, los granos de elote y el queso Cotija o feta. Revuelva para mezclar hasta que esté completamente combinado.

c) Extienda la mezcla de manera uniforme sobre las tortillas de harina, hasta aproximadamente ½ pulgada de los bordes.

d) Enrolle la tortilla y envuélvala en una envoltura de plástico. Coloque la tortilla envuelta en el refrigerador durante al menos una hora. Use un cuchillo de sierra para cortar el rollo en molinetes.

25. Molinillos De Ensalada De Garbanzos

Hace: 16 molinetes

INGREDIENTES:
- 2 latas de 15 onzas de garbanzos escurridos y enjuagados
- 1 aguacate grande o 2 aguacates pequeños
- 1 jalapeño picado
- ½ cebolla roja picada
- ¼ taza de mostaza
- ¼ taza de mayonesa vegana
- Pimienta al gusto
- sal de ajo al gusto
- salsa picante al gusto
- 2 tortillas o wraps grandes
- 2 puñados de espinacas baby

INSTRUCCIONES:
a) Agregue los garbanzos a un tazón y triture con un tenedor.
b) Agregue el aguacate y triture hasta que el aguacate esté combinado.
c) Agregue el jalapeño, la cebolla roja, la mostaza, la mayonesa vegana, la pimienta, la sal de ajo y la salsa picante.
d) Revuelve para combinar. Pruebe y ajuste los condimentos según sea necesario. Metemos en la nevera durante al menos 30 minutos.
e) Para armar, extienda una capa uniforme de relleno a los bordes exteriores de la tortilla.
f) Cubra la mitad del relleno con espinacas.
g) Comenzando por el extremo con las espinacas, enrolle bien las tortillas hasta llegar al otro extremo.
h) Use un cuchillo afilado y corte la envoltura en 8 pedazos.
i) Sirva de inmediato o colóquelo en un recipiente hermético en el refrigerador hasta que esté listo para servir.

26. Molinillos de Arroz Salvaje y Pollo

Rinde: 6 porciones

INGREDIENTES:
- 4 cucharaditas de aceite de oliva, dividido
- 2 tazas de espinacas tiernas frescas, picadas en trozos grandes
- 2 dientes de ajo, picados
- 2 tazas de arroz salvaje e integral cocido
- 1/4 taza de tomates secados al sol, picados
- 1 cucharadita de romero fresco, picado
- 1 taza de queso monterrey jack rallado
- 1/4 taza de piñones tostados
- sal y pimienta para probar
- 3 pechugas de pollo deshuesadas grandes, recortadas y machacadas hasta que tengan un grosor de 1/4 de pulgada
- 2 cucharadita de mantequilla

INSTRUCCIONES:
a) Precaliente el horno a 350 F.

b) En una cacerola grande, agregue 2 cucharaditas de aceite de oliva. Saltee 2 dientes de ajo picados y 2 tazas de espinaca picada durante unos 2 minutos, hasta que la espinaca se ablande. Enfriar unos minutos.

c) Agregue 2 tazas de arroz salvaje e integral cocido, 1/4 taza de tomates secados al sol picados, 1 cucharadita de romero picado, 1 taza de queso Monterey Jack rallado y 1/4 taza de piñones tostados.

d) Sazone con sal y pimienta al gusto. Mezcle todos los ingredientes juntos.

e) Golpee 3 pechugas de pollo grandes y deshuesadas hasta que tengan un grosor de 1/4 de pulgada.

f) Coloque un montículo de relleno en el centro de la pechuga de pollo. Enrolle el pollo, sellando los bordes y átelos con hilo de cocina o palillos para mantenerlos cerrados.

g) En una cacerola grande, agregue 2 cucharaditas de mantequilla y 2 cucharaditas de aceite de oliva. Calentar a temperatura media-alta. Dore los rollos de pollo por todos lados, aproximadamente 2 minutos por lado.

h) Coloque los rollos de pollo en una fuente para horno y vierta la salsa por encima.

i) Hornee sin tapar durante 45 minutos.

j) Rebane el pollo en molinetes de 2 pulgadas de grosor.

27. Molinillos de filete de flanco

Rinde: 4 porciones

INGREDIENTES:
- 1 libra de bistec de flanco
- 1 cucharada de especia criolla
- ½ taza de dientes de ajo asados
- 1 cucharada de anchoas picadas
- 2 cucharadas de queso parmesano rallado
- Sal y pimienta
- 1/4 taza de aceite de oliva
- 8 rebanadas de tocino
- 2 cucharadas de perejil picado, para Adornar
- Worcestershire casero
- Salsa (opcional), para servir

INSTRUCCIONES:
Bistec de flanco de mariposa: corte el bistec horizontalmente por la mitad, dejándolo unido en un extremo, para crear una rebanada rectangular plana y delgada. Sazone generosamente ambos lados con especias criollas. En un tazón pequeño, exprima los dientes de ajo asados y combínelos con las anchoas, el queso parmesano y la pimienta negra recién molida; puré, agregando suficiente aceite de oliva, unas pocas gotas a la vez, para unir la mezcla. Extienda la mezcla de ajo uniformemente sobre el bistec. Coloque el tocino sobre el bistec, para cubrir toda la superficie. Enrolle el lado largo, estilo gelatina. Rebane el rollo en "molinetes" de 1½ pulgadas de grosor, asegurando uno cerrado con un pincho, mientras los corta. Condimentar con sal y pimienta. Ase en la parrilla caliente precalentada, 4 minutos por lado para un punto medio. Sirva 3 por porción, con salsa Worcestershire casera, si lo desea. Servir adornado con perejil.

28. Molinillos de jamón

Rinde: 6 porciones

INGREDIENTES:
- 1 paquete de 8 oz de queso crema, ablandado
- 1 cucharadita de rábano picante
- 1 paquete de rebanadas finas de jamón o carne de res de 4 oz
- 1 cucharada de cebolla rallada
- 1 pizca de salsa Worchestershire

INSTRUCCIONES:
a) Mezcle el queso crema, la cebolla, el rábano picante y la salsa Worchestershire hasta que tenga una consistencia para untar. Separe las rebanadas de carne. Coloque nuestras cinco rebanadas, ligeramente superpuestas, sobre un trozo de papel de aluminio de 18".

b) Coloque dos filas más para formar un rectángulo de carne. Unte con la mezcla de queso. Enrolle como un rollo de gelatina usando papel de aluminio para sacar la carne al comienzo del rollo.

c) Use los dedos para rodar hasta completar. Enfriar hasta que esté muy firme. Justo antes de servir, corte en rebanadas de una pulgada.

29. Molinillos de prosciutto salados

Rinde: 24 porciones

INGREDIENTES:
- 2 cucharaditas de hojaldre congelado
- ½ libra de prosciutto en rodajas finas; dividido
- 3 onzas de queso parmesano recién rallado; dividido
- 1 Frasco Mostaza agridulce - (4 oz); dividido
- 1 huevo; golpeado con
- 2 cucharadas de agua

INSTRUCCIONES:
a) Descongele el hojaldre a temperatura ambiente durante 20 a 30 minutos. Enharine ligeramente la tabla y extienda una hoja de masa de aproximadamente 12 por 15 pulgadas. Unte la hoja de hojaldre con la mitad de la mostaza. Cubra con la mitad del prosciutto, dispuesto en capas individuales. Espolvorea el prosciutto con la mitad del queso parmesano. Presiona el queso con los dedos o con una espátula. Enrolle la masa en espiral.

b) Cepille los bordes con un poco de agua y presione para sellar. Con un cuchillo de sierra, corte el rollo en molinetes de una pulgada. Coloque los molinetes en una bandeja para hornear y comprímalos con el fondo de un vaso o el dorso de una espátula.

c) Repita para la segunda hoja de hojaldre, luego refrigere los molinetes durante 15 minutos. Cepille los molinetes con huevo batido y hornee en un horno precalentado a 400 grados durante diez minutos. Voltee y hornee otros cinco a diez minutos o hasta que estén doradas.

30. Molinillos de salchicha

Rinde: 1 porciones

INGREDIENTES:
- 2 tazas de harina para todo uso
- 1 cucharadita de sal
- ⅔ taza de leche
- 1 cucharada de polvo de hornear
- ¼ taza de manteca
- 1 libra de salchicha caliente a granel
- queso, opcional

INSTRUCCIONES:
a) Combine la harina, el polvo de hornear y la sal. Cortar en manteca hasta que parezca harina gruesa.
b) Agrega la leche; revuelva y mezcle. Volcar sobre una superficie enharinada y amasar 3 o 4 veces.
c) Enrolle la masa en un rectángulo de 18x12 pulgadas. Extienda la salchicha (a temperatura ambiente) sobre la masa, dejando un margen de ½ pulgada en todos los lados.
d) Enrolle la masa a lo largo (al estilo de los rollos de gelatina) y pellizque las uniones y los extremos para sellar.
e) Cubra y refrigere por lo menos 1 hora.
f) Rebane ¼ de pulgada de grosor y hornee a 350 grados durante 20 minutos.
g) Servir, cubierto con queso.

31. Molinillos de pechuga de pavo

Rinde: 1 porciones

INGREDIENTES:
- 12 tortillas de harina grandes
- 8 onzas de queso crema por paquete; suave
- ½ taza de mantequilla o margarina; suave
- ¼ taza de tomates secos envasados en aceite, picados finos
- ¼ cucharadita de pimienta blanca molida
- berros frescos
- 1 paquete grande de pechuga de pavo húmeda; cocido y en rodajas finas

INSTRUCCIONES:
a) Mezcle el queso crema, la mantequilla, la pimienta y los tomates secos.
b) Unte las tortillas, una a la vez, con esta mezcla.
c) Coloque las rebanadas de pechuga de pavo, ligeramente superpuestas, sobre la mezcla de queso crema, dejando un borde del queso crema sin cubrir.
d) Coloque ramitas de eneldo fresco o lanzas de pepinillo en un borde; comenzando con este borde, enrolle firmemente, "pegando" la tortilla al final con el borde descubierto de queso crema.
e) Envuélvalo bien en una envoltura de plástico y enfríe, al menos una hora o hasta 24 horas.
f) Cuando esté listo para servir, desenvuelva y corte en rodajas de aproximadamente ½ "de grosor en una ligera diagonal.

32. Molinillos de pollo crack

Rinde: 3 docenas

INGREDIENTES:
- 1 paquete (8 oz) de queso crema, ablandado
- 1½ cucharada de mezcla ranchera
- 1 taza de queso cheddar rallado
- 1 a 2 cucharadas de leche
- ¾ taza de tocino cocido picado
- 1 taza de pollo picado cocido
- 4 o 5 tortillas de burrito grandes (10 pulgadas)

INSTRUCCIONES:
a) Mezcle el queso crema ablandado con el rancho en polvo, el queso cheddar, 1 cucharada de leche, el tocino y el pollo hasta que estén bien combinados. Agregue más leche si lo desea.

b) Unte aproximadamente ¼ de taza de la mezcla de pollo de manera uniforme sobre la tortilla.

c) Enrolle la tortilla suavemente, pero con fuerza para asegurarse de que se mantenga unida y mantenga su forma.

d) Refrigere durante unos 30 minutos para reafirmar el queso ablandado. Corte los extremos del rollo de tortilla y córtelos en rebanadas de 1 pulgada.

33. Molinillos de Pollo al Búfalo

Hace: 36 piezas

INGREDIENTES:
- 8 onzas de queso crema (ablandado a temperatura ambiente)
- 1 taza de queso cheddar rallado
- 1/4 taza de salsa de alitas de pollo
- 1 cucharada de condimento ranchero seco
- 2 cebolletas (en rodajas finas)
- 2 cucharadas de queso azul se desmorona (opcional)
- 2 tazas de pollo cocido desmenuzado
- 4 tortillas del tamaño de un burrito
- salsa ranchera, para mojar (opcional)

INSTRUCCIONES:
a) Coloque el queso crema, el queso cheddar, la salsa de búfalo, el condimento ranchero, las cebolletas y el queso azul (si se usa) en un tazón grande. Mezcle con una batidora de mano eléctrica hasta que quede suave y combinado. Agregue el pollo cocido y con una espátula o cuchara de madera, dóblelo hasta que se incorpore.

b) Coloque una tortilla sobre una superficie de trabajo limpia. Tome 1/4 de la mezcla de pollo y extiéndala uniformemente sobre la tortilla, dejando un borde de 1/2 pulgada. Enrolle bien la tortilla para formar un tronco largo. Repita con las tortillas/relleno restantes.

c) Envuelva los troncos con fuerza en una envoltura de plástico, doble los extremos de la envoltura de plástico hacia abajo. Coloque en el refrigerador por al menos 4 horas, o idealmente durante la noche.

d) Desenvuelve los molinetes del plástico. ¡Corta en rodajas de 1/2 pulgada, sirve con aderezo ranch para mojar y disfruta!

34. Molinillos de verduras y pollo arcoíris

Rinde: 4 porciones

INGREDIENTES:
- 4 tortillas grandes
- 2/3 taza de queso crema batido
- 1 cucharada de polvo de rancho seco
- 1/2 taza de tiras de pimiento rojo en rodajas finas
- 1/2 taza de tiras de zanahoria en rodajas finas
- 1/2 taza de tiras de pimiento amarillo en rodajas finas
- 1/2 taza de hojas de espinaca tierna
- 1/2 taza de col morada rallada
- 1 taza de pollo desmenuzado cocido

INSTRUCCIONES:
a) Mezcle el queso crema y el rancho en polvo hasta que estén bien combinados.
b) Extienda la mezcla de queso crema uniformemente sobre las 4 tortillas.
c) Dejando un borde de 1 pulgada en todos los lados, coloque 2 cucharadas de vegetales en hileras sobre las tortillas; Cubra con pollo desmenuzado.
d) Enrolla bien la tortilla; si los extremos no quedan cerrados, puede agregar un poco más de queso crema para sellar.
e) Cortar transversalmente en molinetes y servir.

35. Rollitos de camarones molinete

Rinde: 4 porciones

INGREDIENTES:
- 5 huevos grandes
- 1 cucharada de aceite de ensalada
- 1 libra de camarones crudos; sin cáscara, desvenado
- 2 cucharaditas de sal
- ⅓ taza de pan rallado fino y seco
- 1 cucharadita de jengibre fresco finamente picado
- 1 clara de huevo
- ⅛ cucharadita de pimiento picante en polvo
- ¼ cucharadita de pimienta blanca
- 2 cucharadas de Vermut
- ¼ taza de caldo de pollo o pescado
- 2 cucharadas de cebollín finamente picado; solo parte blanca
- ½ Pimiento rojo dulce o pimiento cortado en cubitos
- 1 zanahoria pequeña; triturado
- 8 guisantes chinos; cortado en cubitos
- ¼ taza de salsa de ostras
- ¼ taza de caldo de pollo
- 1 cucharada de salsa de soja
- 1 cucharada de salsa tabasco
- 1 cucharadita de jengibre fresco molido

INSTRUCCIONES:
a) Bate los 5 huevos hasta que estén bien mezclados. Cepille una sartén revestida de teflón con la mitad del aceite para ensalada.
b) Caliente la sartén y vierta la mitad de los huevos, girando la sartén para que los huevos cubran el fondo de la sartén.
c) Cocine la crepa de huevo hasta que cuaje. Retirar de la sartén y dejar enfriar. Repetir.
d) Frote los camarones con 1 cucharadita. sal y lavar a fondo con agua corriente fría. Escurra los camarones y séquelos.
e) Pique los camarones con los giros de encendido/apagado del procesador de alimentos y transfiéralos a un tazón grande para mezclar.

f) Agregue la sal restante, el pan rallado, el jengibre, la clara de huevo, la pimienta, el vermú, el caldo de pollo o pescado y las cebolletas. Revuelva vigorosamente hasta que la mezcla se mezcle.

g) Agregue guisantes de nieve cortados en cubitos y pimiento rojo dulce o pimiento.

h) Extienda ½ mezcla de camarones en una crepe de huevo, cubra con la mitad de las zanahorias ralladas y enrolle. Repite con la otra crepa.

i) Coloque los rollos de camarones en un plato en una vaporera y cocine al vapor durante 10 minutos. Servir con salsa de ostras. ostra

SALSA:

j) Mezcle, caliente en una cacerola y sirva caliente con rollos de camarones.

36. Molinillos de salmón ahumado

Hace: 32 Piezas

INGREDIENTES:
- 1 taza de queso crema
- 1 cucharada de vodka
- ¼ taza de cebolla morada, finamente picada
- 2 cucharadas de eneldo fresco picado
- 1 cucharada de jugo de limón
- Pimienta recién molida
- 8 onzas de ahumado en rodajas finas
- Salmón
- Cuatro tortillas de harina de 7 pulgadas

INSTRUCCIONES:
a) Combine el queso crema, el vodka, la cebolla roja, el eneldo y el jugo de limón.
b) Extienda ¼ de taza (50 ml) de la mezcla de queso sobre la tortilla.
c) Cubra las tortillas con salmón ahumado. Enrolle firmemente.
d) Envuélvalo en una envoltura de plástico y refrigere hasta que se necesite.
e) Recorte los extremos de la tortilla y córtela en 8 pedazos. Adorne con ramitas de eneldo o cebollino.

37. Molinillos De Hojaldre De Atún

Hace: 15 molinetes

INGREDIENTES:
- 1 hoja de hojaldre
- 2 cucharaditas de aceite de oliva virgen extra
- 1 cebolla marrón/amarilla mediana, finamente picada
- 6.5 onzas de atún enlatado en aceite, bien escurrido
- ⅓ taza de queso cheddar, rallado
- 3 cucharadas de perejil de hoja plana, finamente picado
- 1 cucharadita de ralladura de limón
- ¼ de cucharadita de pimienta de cayena
- sal marina y pimienta negra recién molida

INSTRUCCIONES:
a) Precaliente su horno a 200 grados C.
b) Prepara una bandeja para horno con papel de hornear.
c) Retire la masa de hojaldre del congelador y descongele.
d) Regrese la masa al refrigerador una vez descongelada para mantenerla fría.
e) Pica finamente la cebolla y fríela suavemente en aceite de oliva durante unos 8-10 minutos, o hasta que esté ligeramente caramelizada. Ponga a un lado para enfriar.
f) Escurra la lata de atún y agréguela a un tazón mediano. Puré para romper cualquier pedazo grande.
g) Agregue la cebolla cocida y los ingredientes restantes al atún, y mezcle bien para combinar.
h) Verifica que la sazón sea de tu gusto, agregando más sal, pimienta o ralladura de limón si es necesario.
i) Cubra la masa con su mezcla de atún. Distribuya la mezcla de manera uniforme, asegurándose de dejar un pequeño espacio alrededor del borde de la masa.
j) Con el dorso de una cuchara o una espátula de goma, presiona la mezcla para compactarla.
k) Comience a enrollar lentamente la masa desde el extremo más cercano a usted. Siga rodando hacia adelante, razonablemente

firme, manteniéndolo lo más apretado posible, hasta que haya llegado al final del rollo.

l) Regrese la masa de hojaldre al refrigerador por unos 15 minutos para que se endurezca.

m) Con un cuchillo de sierra, corte los extremos y deséchelos.

n) Luego, con el mismo cuchillo, rebana el molinete de aproximadamente 1,5 cm (½") de grosor.

o) Coloque sus molinetes en una bandeja para hornear. Si se cae un poco de mezcla, simplemente empújela hacia adentro suavemente.

p) Hornee durante 15-20 minutos, o hasta que estén doradas y la masa esté bien cocida.

q) Sirva caliente del horno o deje que se enfríe a temperatura ambiente.

38. Molinillos de pepperoni italianos

Hace: 35

INGREDIENTES:
- 5 tortillas de harina de 10 "(espinacas, tomates secados al sol o harina blanca)
- 16 onzas de queso crema ablandado
- 2 cucharaditas de ajo picado
- ½ taza de crema agria
- ½ taza de queso parmesano
- ½ taza de queso italiano rallado o queso mozzarella
- 2 cucharaditas de condimento italiano
- 16 onzas de rebanadas de pepperoni
- ¾ taza de pimientos amarillos y naranjas finamente picados
- ½ taza de champiñones frescos finamente picados

INSTRUCCIONES:
a) En un recipiente para mezclar, bata el queso crema hasta que quede suave. Combine el ajo, la crema agria, los quesos y el condimento italiano en un tazón. Mezclar hasta que todo esté bien mezclado.

b) Extienda la mezcla uniformemente entre las 5 tortillas de harina. Cubre toda la tortilla con la mezcla de queso.

c) Coloque una capa de pepperoni encima de la mezcla de queso.

d) Superponga el pepperoni con los pimientos y los champiñones cortados en rodajas gruesas.

e) Enrolle bien la tortilla y envuélvala en una envoltura de plástico.

f) Dejar reposar por lo menos 2 horas en el refrigerador.

39. Molinillos De Salami Crujientes

hace 12

INGREDIENTES:
- 1 cucharada de albahaca, picada fina
- 250 g de queso crema
- Pizca de pimienta negra
- 2 cucharadas de alcaparras, picadas
- 12 rondas de salami húngaro

INSTRUCCIONES:
a) Combine el queso crema, las alcaparras, la pimienta negra y la albahaca.

b) Coloque el salami en una superficie y extienda la mezcla de relleno.

c) Enróllalo y colócalo en la cesta de la freidora.

d) Cocinar a 180ºC, durante 7 minutos.

40. Molinillos de jamón y queso con pepino

INGREDIENTES:
CREMA DE AGUACATE Y HUMMUS
- 1 aguacate maduro, sin hueso
- 2 cucharadas de hummus natural
- 1 diente de ajo, prensado
- 2 cucharaditas de jugo de limón fresco
- sal kosher y pimienta negra fresca, al gusto

MOLINILLOS
- 1 o 2 pepinos sin semillas, sin los extremos
- 6–8 rebanadas de jamón Honey Deli
- 6 rebanadas de queso provolone delicatessen
- cilantro fresco picado
- hojas de espinacas frescas

INSTRUCCIONES:
CREMA DE AGUACATE Y HUMMUS
a) En un tazón pequeño, triture la pulpa del aguacate con un tenedor. Al aguacate, agregue hummus, ajo y jugo de limón. Sazone con sal y pimienta, al gusto. Mezcle hasta que esté bien mezclado.

MOLINILLOS
b) Con una mandolina, corta el pepino en tiras finas. Pude obtener unas 10 tiras de un pepino de tamaño mediano. El primer par de tiras eran demasiado pequeñas para usar, así que las tiré para una ensalada. Puede tener un poco menos o más tiras dependiendo del tamaño del pepino.

c) Coloque 5 tiras de pepino una al lado de la otra, en una superficie plana forrada con papel, como una tabla de cortar, y con una toalla de papel limpia, seque un poco de la humedad en la parte superior.

d) Extienda 2-3 cucharadas de hummus de aguacate de manera uniforme sobre las rebanadas. Luego agregue 3-4 rebanadas de jamón, 3 rebanadas de queso provolone, una capa ligera de hojas de cilantro y una capa ligera de espinacas tiernas.

e) Comenzando por un extremo, enrolle firmemente todas las rodajas de pepino en un rollo largo de "sushi".

f) Con un cuchillo afilado, corte el rollo en porciones individuales. Asegúrelo con un palillo y colóquelo en una fuente para servir. Repita con las tiras de pepino restantes.
g) Estos son mejores cuando se sirven el mismo día. Pude sacar unos 10 molinetes de un pepino.

41. Molinillos de tofu y maní

Hace 4 envolturas

INGREDIENTES:
- 8 onzas de tofu extra firme, bien escurrido y secado
- 1 cucharada de salsa de soja
- 1 cucharada de jugo de limón fresco
- 1⁄2 cucharadita de jengibre fresco rallado
- 1 diente de ajo picado
- 1⁄4 cucharadita de cayena molida
- 4 tortillas de harina (10 pulgadas)
- 2 tazas de lechuga romana rallada
- 1 zanahoria grande, rallada
- 1⁄2 pepino inglés mediano, pelado y cortado en rodajas de 1⁄4 de pulgada

INSTRUCCIONES:
a) En un procesador de alimentos, combine el tofu, la mantequilla de maní y la salsa de soya y procese hasta que quede suave. Agregue el jugo de lima, el jengibre, el ajo y la cayena y procese hasta que quede suave. Deje reposar durante 30 minutos a temperatura ambiente para permitir que los sabores se mezclen.
b) Para armar los wraps, coloque 1 tortilla en una superficie de trabajo y úntela con aproximadamente 1⁄2 taza de la mezcla de tofu. Espolvorea con lechuga, zanahoria y pepino. Enrolle bien y corte por la mitad en diagonal.
c) Repita con los ingredientes restantes y sirva.

42. Molinillos de tortilla piramidal

Rinde: 1 porciones

INGREDIENTES:
- 4 tortillas de harina
- ½ taza de mantequilla de maní suave
- 1½ cucharada de leche en polvo sin grasa
- ¼ taza de zanahorias ralladas
- ¼ taza de pasas

INSTRUCCIONES:
a) Unte la mantequilla de maní en las tortillas. Espolvorea leche descremada en polvo sobre la mantequilla de maní.
b) Continuar con zanahorias ralladas y pasas. Enrolle la tortilla y córtela en trozos pequeños.

43. Molinetes Rancheros

Rinde: 4 porciones

INGREDIENTES:
2 tazas de pollo cocido desmenuzado
1 lata (14.5 oz) de tomates cortados en cubitos con pimiento verde y cebolla
½ taza de salsa espesa y con grumos
1 lata (4 oz) de chiles verdes cortados en cubitos, escurridos
½ taza de cebollas verdes rebanadas
4 tortillas de harina
1 taza de queso monterey jack bajo en grasa, rallado

INSTRUCCIONES:
a) Combine el pollo, los tomates, la salsa, los chiles y las cebollas en una sartén; cocine 5 minutos, revolviendo ocasionalmente.
b) Envuelva las tortillas en una envoltura de plástico y caliéntelas en el horno de microondas durante 1 minuto o hasta que estén calientes.
c) Coloque ¼ de la mezcla de pollo en el centro de la tortilla.
d) Cubra con ¼ de taza de queso. Enrollar y servir.

44. Sándwich de piña y jamón Molinillos

Rinde: 6 porciones

INGREDIENTES:
- 6 tortillas de maiz o harina
- Recipiente de 8 onzas de queso crema con Piña, suavizado
- ¼ taza de nueces o pecanas picadas
- ⅛ de cucharadita de especias para pastel de calabaza o canela molida
- Paquete de 6 onzas de jamón en rodajas finas
- Hojas de lechuga (6 a 12)

INSTRUCCIONES:
a) En un tazón pequeño, combine el queso crema, las nueces y las especias. Mezclar bien.
b) Para enrollar, cocine brevemente la tortilla por ambos lados en una sartén antiadherente (alrededor de 1 minuto). No dorar. Enfriar un poco.
c) Extienda aproximadamente ⅙ de la mezcla de queso crema sobre la tortilla hasta ½ pulgada del borde. Coloque 3 rebanadas delgadas de jamón, superpuestas en el centro de la tortilla. Cubra con 1 o 2 hojas de lechuga.
d) Enrolle y envuelva en una envoltura de plástico.

45. Rosbif y tortilla suiza Pinwheels

Rinde: 32 Aperitivos

INGREDIENTES:
4 cucharadas de aderezo para ensalada Ranch
4 tortillas de harina de 8 pulgadas
4 hojas grandes de lechuga; rasgado para caber tortillas
8 onzas de carne asada Deli
8 rebanadas de queso suizo
4 cucharaditas de cebolla morada; cortado en cubitos

INSTRUCCIONES:
Extienda 1 cucharada de aderezo para ensaladas sobre la tortilla, cubriendo toda la superficie. Cubra con hojas de lechuga y 2 oz de carne asada, una rebanada de queso y 1 cucharadita de cebolla. Enrolle bien la tortilla. Para servir, corte los molinetes en rebanadas de 1". Inserte un palillo elegante para asegurar. Se puede preparar con anticipación, tapar y refrigerar hasta por 1 hora.

46. Molinillos de tortilla de queso

Rinde: 24 porciones

INGREDIENTES:
¼ taza de queso crema suave con cebollín
y tocino
4 6 u 8 en tortilla
8 rebanadas de queso americano
8 lonchas de jamón cocido ahumado
Unta una cucharada de queso crema sobre la tortilla. Cubra con
dos rebanadas de jamón y queso. Enrolle firmemente. Envuelva el
rollo de forma segura en una envoltura de plástico. Refrigerar.

INSTRUCCIONES:
Corte el rollo en seis pedazos, asegure la rebanada pasando un
palillo por el medio.

47. Sándwich de tortilla enrollada con queso de pimiento rojo

Rinde: 4 sándwiches

INGREDIENTES:
- 4 tortillas de harina de 10-12 pulgadas
- 6 onzas de queso Harvarti o Jack, en rodajas finas
- 1 taza de pimientos rojos asados enlatados, escurridos
- ¼ taza de hojas de albahaca frescas, empacadas
- 1 cucharada de vinagre basálmico
- 2 cucharaditas de aceite de oliva

INSTRUCCIONES:
a) Pasta de pimiento rojo: combine todos los ingredientes para untar en un procesador de alimentos o licuadora; girar hasta que quede suave. Vierta en una cacerola de 2 cuartos, hierva y revuelva a fuego medio-alto hasta que se reduzca a ½ taza, aproximadamente 2 minutos.
b) Fresco. Sándwiches: Coloque las tortillas planas. Extienda 2 cucharadas del relleno de pimiento rojo sobre la tortilla, dejando una sección de cuarto de luna (1" de ancho en el punto medio) a lo largo de 1 borde.
c) Divide el queso entre las tortillas, formando una sola capa en el centro de la tortilla, paralela al borde liso; cepille el borde liso ligeramente con agua.
d) Comenzando por el borde liso opuesto, enrolle firmemente la tortilla alrededor del relleno, metiendo el queso.
e) Presione firmemente contra el borde húmedo para sellar. Si se prepara con anticipación, envuélvalo herméticamente y enfríe hasta el día siguiente.
f) Corte la tortilla en diagonal en rebanadas de 2" de ancho, selle en una bolsa de plástico para transportar.

48. Tortillas rellenas de espinacas

Rinde: 6 porciones

INGREDIENTES:
2 latas de 14 1/2 oz whod sin sal
1 taza de albahaca fresca picada
1 10 onzas pkg congelado picado sd
1 15 onzas cartón lite ricotta e
2 huevos, ligeramente batidos
¼ de cucharadita de sal
6 tortillas de harina de 8 pulgadas
vegetales Spray para cocinar
¼ taza de queso parmesano lite recién rallado

INSTRUCCIONES:
a) Coloque el tomate en el procesador de alimentos y púlselo de 6 a 8 veces o hasta que quede un puré grueso.
b) Transfiera el tomate a una cacerola mediana, agregue la albahaca. Lleve a ebullición, reduzca el fuego y cocine a fuego lento durante 25 minutos, revolviendo con frecuencia.
c) Combine las espinacas, el queso ricotta, los huevos y la sal, revuelva bien. Coloque la mezcla de espinacas de manera uniforme en el centro de las tortillas.
d) Enrolle las tortillas, colóquelas con la costura hacia abajo en una fuente para hornear de 13 x 9 x 2" cubierta con aceite en aerosol.
e) Coloque la mezcla de tomate sobre las tortillas y espolvoree con queso parmesano.
f) Hornee a 375 durante 30 minutos o hasta que esté completamente caliente.

49. Molinillos de tortilla de chorizo

Rinde: 3 porciones

INGREDIENTES:
1 libra de salchicha a granel
1 manojo grande de cebollas verdes, finamente
Cortado
1 pimiento verde mediano, picado
1 taza de papas hash brown, descongeladas
4 huevos
¼ taza de agua
2 chiles jalapeños, picados
¼ taza de queso parmesano
Tortillas
¼ cucharadita de pimiento rojo

INSTRUCCIONES:
a) Batir los huevos y el agua juntos.
b) Salchicha, cebolla y pimiento morrón; drenar.
c) Agrega los huevos y las croquetas de patata; revuelve de 1 a 2 minutos o hasta que las papas estén calientes.
d) Agregue el queso parmesano y revuelva hasta que se derrita y los huevos estén cocidos.
e) Coloca sobre una tortilla tibia con lechuga, salsa picante y queso Cheddar. Enrollar.

50. Molinillos de tortilla tip-top

Rinde: 6 porciones

INGREDIENTES:
1 lata de 15 oz Salsas de tomate salsa gruesa
1 lata de 14 oz de tomates picados con ajo
¾ taza de arroz integral de cocción rápida
½ taza de agua
½ cucharadita de azúcar
⅛ cucharadita de Pimienta
Lata de 15 onzas de frijoles negros o frijoles rojos; enjuagado y escurrido
½ libra de carne de res cocida cortada en tiras finas
12 tortillas de harina
CCrea agria; opcional
cebollas verdes en rodajas; opcional

INSTRUCCIONES:
En una sartén, combine la salsa restante, los tomates sin escurrir con ajo, el arroz crudo, el agua, el azúcar y la pimienta. Llevar a ebullición; reducir el calor. Cocine a fuego lento, tapado, de 12 a 14 minutos o hasta que el arroz esté tierno. Agregue los frijoles y la carne de res a la mezcla de arroz. Cocine a fuego lento, sin tapar, 5 minutos o hasta que espese un poco. Mientras tanto, envuelva las tortillas en papel aluminio. Calentar en horno 350 por 10 minutos. Coloca la mezcla de arroz sobre las tortillas calientes; enrollar.

51. Tortillas de verduras

Rinde: 28 Aperitivos

INGREDIENTES:
- 8 puntas de espárragos (1/2 pulgada de grosor); recortado
- 1 envase de 8 onzas de queso crema vegetal de la huerta sin grasa
- 4 tortillas de harina (7 u 8 pulgadas
- 1 pimiento rojo mediano; cortar en 24 tiras (3x1/4 pulgadas)

INSTRUCCIONES:
a) En una sartén mediana, cocine los espárragos en una pequeña cantidad de agua hirviendo durante 5 minutos o hasta que estén tiernos pero crujientes. Escurrir sobre toallas de papel.
b) Unta ¼ de queso crema sobre la tortilla.
c) En la tortilla, coloque 2 espárragos con 3 filas de 2 tiras de pimiento cada una.
d) Enrolle firmemente las tortillas.
e) Envuelva el rollo en una envoltura de plástico. Refrigere por lo menos 30 minutos o hasta 2 horas.
f) Para servir, corte los rollos de tortilla en rebanadas de 1 pulgada. Antes de rebanarlos, corte y deseche los extremos sin relleno de los rollos de tortilla.

52. Rollos de tortilla de pavo y salsa de frijoles negros

Rinde: 1 porciones

INGREDIENTES:
½ taza de frijoles negros enlatados, enjuagados y escurridos
1 tomate grande madurado en rama; sin semillas y picado
2 jalapeños en escabeche; sin semillas y picado, (use guantes de goma)
4 cucharaditas de jugo de limón fresco
½ cucharadita de chile en polvo
½ aguacate maduro de California
2 cucharadas de yogur natural bajo en grasa
4 tortillas de trigo integral de 10 pulgadas
½ libra de pechuga de pavo asado en rodajas finas
1 taza de ramitas de cilantro fresco empacadas; bien lavado, centrifugado y picado grueso
Se puede preparar en 45 minutos o menos.

INSTRUCCIONES:
En un tazón, mezcle los frijoles negros, los jalapeños, 2 cucharaditas de jugo de lima, el chile en polvo y sal al gusto.
En un procesador de alimentos, haga puré de aguacate, yogur, las 2 cucharaditas restantes de jugo de lima y sal al gusto. (Alternativamente, con un tenedor triture la mezcla de aguacate hasta que quede suave).
Extienda la mezcla de aguacate uniformemente sobre las tortillas y coloque el pavo sobre la tortilla justo debajo del centro. Cubra el pavo con salsa y cilantro y enrolle bien las tortillas, dejando los extremos abiertos. Corta las tortillas por la mitad en diagonal con un cuchillo de sierra.

53. Molinillos de tortilla de res

Rinde: 6 porciones

INGREDIENTES:
4 tortillas de harina; 12 pulgadas
1 taza de salsa de tocino y rábano picante -O-
Mezcla de mayonesa y mostaza
12 onzas de carne asada; poco hecha, en rodajas finas
Hoja de lechuga

INSTRUCCIONES:
Unte 1 lado de la tortilla de harina con aproximadamente 2 cucharadas. del dip de rábano picante, cubriendo toda la tortilla. Cubra con 1 o 2 rebanadas de carne asada. Untar con otras 2 cucharadas de la salsa de rábano picante.
Cubra con las hojas de lechuga. Enrolle al estilo gelatina, coloque la costura hacia abajo en un plato, cubra y enfríe hasta el momento de servir.
Antes de servir, corte el roll-up transversalmente en tercios.

54. Molinillos de cebolla con queso

Rinde: 6 porciones

INGREDIENTES:
- 1 taza (8 onzas) de crema agria
- Paquete de 8 onzas. queso crema ablandado
- ½ taza de queso cheddar finamente rallado
- ¾ taza de cebollas verdes rebanadas
- 1 cucharada de jugo de lima
- 1 cucharada de chile jalapeño sin semillas picado
- Paquete de 10 onzas. tortillas de harina

INSTRUCCIONES:
a) Combine los primeros seis ingredientes en un tazón; mezclar bien. Extienda sobre un lado de las tortillas y enrolle firmemente.
b) Envuelva y refrigere por lo menos 1 hora. Cortar en trozos de 1".
c) Servir con salsa picante.

55. Molinillos de pollo y brócoli

Rinde: 4 porciones

INGREDIENTES:

- 2 tazas de pollo; cocido y en cubos
- 2 tazas de queso Monterey Jack, rallado
- 1 lata de salsa de queso; o salsa alfredo; 10 onzas
- 1 paquete de brócoli congelado gigante verde, cortado en trozos pequeños
- 8 tortillas de harina; 8 pulgadas
- Pimenton

INSTRUCCIONES:

Precaliente el horno a 350øF. Rocíe una fuente para hornear de 13x9 pulgadas (3 cuartos) con aceite en aerosol antiadherente.

En un tazón grande, combine el pollo, 1 taza de queso, la salsa de queso y el brócoli; mezclar bien.

Vierta generosas porciones de ½ taza de mezcla de pollo sobre la tortilla; enrollar, encerrando el relleno. Coloque en la fuente para hornear rociada. Cubrir con papel aluminio.

Hornee a 350øF durante aproximadamente 25 a 30 minutos o hasta que esté completamente caliente.

Retire el papel aluminio; Espolvorear con el queso restante.

Hornee de 2 a 5 minutos adicionales para derretir el queso.

Espolvorear con pimentón.

56. Molinetes de chile con queso

Rinde: 48 aperitivos

INGREDIENTES:
- 4 onzas de queso crema, ablandado
- 1 taza de queso Cheddar rallado (4 oz.)
- 1 lata (4 oz.) de chiles verdes cortados en cubitos Ortega
- ½ taza de cebollas verdes rebanadas
- ½ taza de aceitunas maduras deshuesadas; Cortado
- 4 tortillas de harina de cada una (6 pulg.)
- Salsa estilo jardín, opcional

En un tazón, mezcle el queso, los chiles, las cebolletas y las aceitunas. Extienda ½ taza de la mezcla de queso sobre la tortilla. Enrolle la tortilla a la manera de un rollo de gelatina. Envuelva el rollo en una envoltura de plástico y enfríe al menos 1 hora.

Para servir, corte el rollo en 12 rebanadas (de ½ pulgada de grosor). Sirva con salsa, si lo desea.

57. Molinetes de cangrejo

Rinde: 36 porciones

INGREDIENTES:
4 onzas de queso crema; Ablandado
2 cucharadas de mayonesa
2 cucharaditas de rábano picante preparado
½ aguacate; sin hueso, pelado y picado
6 tortillas de harina de 8 pulgadas
8 onzas de carne de cangrejo de imitación desmenuzada
¾ taza de pimiento rojo picado
⅓ taza de cebollas verdes rebanadas
2¼ lata de aceitunas maduras en rodajas; agotado

INSTRUCCIONES:
a) En el tazón de un procesador de alimentos con cuchilla de metal o en el recipiente de la licuadora, combine el queso crema, la mayonesa, el rábano picante y el aguacate; procese a alta velocidad hasta que esté bien mezclado.
b) Extienda la mezcla de queso crema uniformemente sobre las tortillas. Cubra la tortilla con carne de cangrejo, pimiento, cebolla y aceitunas. Enrolle la tortilla; envuélvalo de forma segura en una envoltura de plástico. Refrigere por lo menos 15 minutos o toda la noche.
c) Para servir, corte los rollos en diagonal en rebanadas de ¾ de pulgada de grosor.

58. rollitos rancheros

Rinde: 4 porciones

INGREDIENTES:
2 tazas de pollo cocido desmenuzado
1 lata (14.5 oz) de tomates cortados en cubitos con pimiento verde y cebolla
½ taza de salsa espesa y con grumos
1 lata (4 oz) de chiles verdes cortados en cubitos, escurridos
½ taza de cebollas verdes rebanadas
4 tortillas de harina
1 taza de queso monterey jack bajo en grasa, rallado

INSTRUCCIONES:
Combine el pollo, los tomates, la salsa, los chiles y las cebollas en una sartén; cocine 5 minutos, revolviendo ocasionalmente. Envuelva las tortillas en una envoltura de plástico y caliéntelas en el horno de microondas durante 1 minuto o hasta que estén calientes. Coloque ¼ de la mezcla de pollo en el centro de la tortilla. Cubra con ¼ de taza de queso. Enrollar y servir.

59. Rollitos de jalapeño

Rinde: 1 porciones

INGREDIENTES:
8 onzas de queso crema
1 lata de chiles verdes; --o--
2 jalepenos; picado muy fino
10 tortillas blandas grandes
½ taza de crema agria
2 tacos o salsa picante

INSTRUCCIONES:
En un tazón combine el queso crema, la crema agria, los pimientos
y la salsa para tacos hasta que se mezclen. Coloque una tortilla
plana y extienda una capa delgada de la mezcla de queso crema
sobre ella. Luego, enrolle bien la tortilla (como un rollo de
gelatina). Envuélvalo en papel film y refrigere de 24 horas a 4 días.
Repita con las tortillas restantes. Después de refrigerar,
desenvuelva los panecillos y córtelos en rebanadas de
aproximadamente ¼ de pulgada de grosor. Sirva en un plato con
perejil o lechuga Boston y se puede servir con salsa para mojar.
Esta receta hace alrededor de 80 a 100 rebanadas.

60. Rollitos de pollo a la frambuesa

Rinde: 2 porciones

INGREDIENTES:
4 tazas de ensalada de hojas verdes y zanahorias ralladas
2 tazas de pollo picado y cocido
Vinagreta de frambuesa sin grasa, al gusto
Semillas de sésamo, al gusto
2 tortillas de 8 pulgadas

INSTRUCCIONES:
a) Combine la ensalada, el pollo, la vinagreta y las semillas de sésamo en un tazón mediano.
b) Divide la mezcla entre las tortillas. Dobla los lados izquierdo y derecho de la tortilla sobre la mezcla de pollo, aproximadamente 2 pulgadas.
c) Enrolle firmemente lejos de usted y asegúrelo con dos palillos de dientes (uno en el costado).
d) Cortar los rollos por la mitad y servir.

61. Rollitos de tortilla de chorizo

Rinde: 3 porciones

INGREDIENTES:
1 libra de salchicha a granel
1 manojo grande de cebollas verdes, finamente picadas
1 pimiento verde mediano, picado
1 taza de papas hash brown, descongeladas
4 huevos
¼ taza de agua
2 chiles jalapeños, picados
¼ taza de queso parmesano
Tortillas
¼ cucharadita de pimiento rojo

INSTRUCCIONES:
Batir los huevos y el agua juntos. Salchicha, cebolla y pimiento morrón; drenar. Agrega los huevos y las croquetas de patata; revuelve de 1 a 2 minutos o hasta que las papas estén calientes. Agregue el queso parmesano y revuelva hasta que se derrita y los huevos estén cocidos. Coloca sobre una tortilla tibia con lechuga, salsa picante y queso Cheddar. Enrollar.

62. Rollitos de pavo y aguacate

Rinde: 4 porciones

INGREDIENTES:
4 tortillas de harina; (10 pulgadas)
1 libra de pavo ahumado en rodajas
2 tazas de lechuga iceberg rallada
⅓ taza de queso Cheddar fuerte rallado
1 aguacate maduro; pelado y cortado en cubitos
½ taza de aderezo Thousand Island

INSTRUCCIONES:
a) Calentar una sartén o plancha a fuego medio. Agregue una tortilla y caliente, volteándola con frecuencia, hasta que esté suave y flexible. Repita con las tortillas restantes.
b) Divide el pavo entre las tortillas. Mezcle la lechuga, el queso, el aguacate y el aderezo Thousand Island en un tazón. Cubra la tortilla con ⅔ de taza de mezcla de lechuga. Enrollar.

63. Molinetes para niños

Rinde: 1 porciones

INGREDIENTES:
- 1 tortillas de harina sin grasa o pan plano armenio
- 1 rebanadas de almuerzo sin grasa,
- 1 queso crema sin grasa y/o
- Mayonesa y/o mostaza sin grasa
- 1 lechuga y/o germinados
- 1 rodajas de tomate
- 1 Rodajas de pimiento fresco o en escabeche

INSTRUCCIONES:
Extienda un aderezo sobre la tortilla, cubra con sus ingredientes favoritos, no demasiado grueso o no se enrollará. Enrollar, envolver y llevar al almuerzo.
O enrolle un montón, luego córtelos con cuidado de aproximadamente 1½ pulgada de grosor, colóquelos en un plato forrado con lechuga y sirva como comida para la fiesta.

MOLINILLOS DE PASTELERÍA FILO

64. Rollitos de lentejas

Rinde: 33 porciones

INGREDIENTES:
1 taza de lentejas Laird cocidas
2 cucharadas de queso parmesano; rallado [opcional]
1 cucharada de cebolla; picado muy fino
¼ de cucharadita de orégano; seco, desmenuzado
¼ de cucharadita de tomillo; seco, desmenuzado
⅛ cucharadita de pimienta negra
1 diente de ajo; picado
1 libra de pasta filo
2 cucharadas de aceite de canola

INSTRUCCIONES:
a) Haga puré las lentejas cocidas. Agregue el queso, la cebolla y las especias. Mezclar bien.
b) Precaliente el horno a 325 F. Corte hojas individuales de masa filo en piezas de 6"x8" y cepille con aceite. Extienda 1 cucharadita de relleno a lo largo de un extremo de la hoja de hojaldre y enrolle una vez.
c) Voltee los bordes de la masa y enrolle como un cigarro. Repetir
d) Coloque los pasteles rellenos en una bandeja para hornear antiadherente.
e) Hornee a 325 durante 15-20 min hasta que estén doradas.

65. Rollos de filo de manzana

Rinde: 30 porciones

INGREDIENTES:
Spray de cocina vegetal con sabor a mantequilla
2 tazas de manzana; cortado en cubitos
12 cucharaditas de canela molida
¼ de cucharadita de nuez moscada molida
1½ cucharadita de azúcar moreno
9 hojas de masa filo comercial congelada; descongelado
3 cucharadas de azúcar en polvo; tamizado
1 cucharadita de extracto de vainilla
½ cucharadita de agua

INSTRUCCIONES:
Cubre una sartén antiadherente con aceite en aerosol; colocar a fuego medio hasta que esté caliente. Agrega la manzana cortada en cubitos; saltee de 8 a 10 minutos, revolviendo con frecuencia. Agrega la canela, la nuez moscada y el azúcar moreno; revuelva bien y cocine 3 minutos más. Retirar del fuego y dejar enfriar.
Cubra una superficie plana con aceite en aerosol; coloque 1 hoja de hojaldre en la superficie (mantenga el filo restante cubierto). Cubra el filo con aceite en aerosol con sabor a mantequilla. Coloque 2 hojas más de filo en la primera hoja, cubriendo con aceite en aerosol. CORTA verticalmente en 5 tiras iguales; corte las tiras por la mitad para hacer 10 piezas.
Repita el proceso con las hojas de filo restantes, rociando la hoja con aceite en aerosol.
Coloca 1½ cucharadita de la mezcla de manzana en la base de la tira; enrollar, rollo de gelatina de moda. Coloque, con la costura hacia abajo, en una bandeja para hornear cubierta con aceite en aerosol. HORNEAR a 375 grados durante 30 a 35 minutos o hasta que estén doradas.
Retire a la rejilla para enfriar un poco.
Combine los ingredientes restantes en un tazón pequeño; revuelva bien. Rocíe 1 ½ cucharadita de glaseado sobre el rollo. Servir tibio.

66. Rollos filo de jamón

Rinde: 15 Aperitivos

INGREDIENTES:
4 onzas de brotes de soja, picados
1 taza de jamón ahumado picado completamente cocido
1 cebolla pequeña, picada
1 cucharada de margarina o mantequilla
2 tazas de espinacas en trozos pequeños
½ taza de castañas de agua picadas
1 cucharada de raíz de jengibre finamente picada
2 cucharaditas de maicena
2 cucharaditas de salsa de soya
5 hojas de filo congeladas, descongeladas
1 cucharada de margarina o mantequilla, derretida
2 cucharadas de mostaza seca
1 cucharada más 1 1/2 cucharadita de agua fría

INSTRUCCIONES:

Enjuague los brotes de soja bajo el chorro de agua fría; drenar.

Cocine y revuelva el jamón, la cebolla y 1 cucharada de margarina en una sartén de 10 pulgadas hasta que la cebolla esté tierna.

Agregue los brotes de soja, las espinacas, las castañas de agua y el jengibre; cocine y revuelva durante 2 minutos. Agregue la maicena y la salsa de soya.

Corte la pila de hojas de filo a lo largo en mitades. Corte la mitad transversalmente en tercios para hacer 30 cuadrados, aproximadamente 5½ x 5 ½ pulgadas.

Cubra los cuadrados con papel encerado, luego con una toalla húmeda para evitar que se sequen.

Caliente el horno a 350F. Para rollo, use 2 cuadrados de masa filo. Coloque alrededor de 2 cucharadas de mezcla de jamón ligeramente por debajo del centro del cuadrado. Dobla la esquina del cuadrado más cercana al relleno sobre el relleno, metiendo el punto debajo del relleno. Dobla y superpone las 2 esquinas opuestas. Enrollar; coloque la unión hacia abajo en una bandeja para hornear engrasada. Repita con los cuadrados de hojaldre restantes. Cepille los roqls con 1 cucharada de margarina. Hornear hasta que estén doradas, unos 25 minutos.

Mezcle la mostaza y el agua hasta que quede suave; deja reposar 5 minutos. Servir con rollos. 15 aperitivos; 75 calorías por aperitivo.

Consejo de preparación: antes de hornear, coloque los rollos en una bandeja para hornear engrasada.

Cubra bien con una envoltura de plástico. Refrigere hasta por 24 horas. Cepille los rollos con margarina. Hornee en horno a 350F hasta que estén doradas, aproximadamente 25 minutos.

67. Rollos filo de cordero

Rinde: 6 porciones

INGREDIENTES:
5 cucharadas de aceite de oliva virgen extra
6 cucharadas de mantequilla sin sal
1 cebolla grande; picado muy fino
1½ libras de cordero magro, finamente molido
2 tomates maduros grandes; pelado, cortado en cubitos
1 cucharadita de miel
1 cucharada de canela molida; O al gusto
½ cucharadita de sal marina; O al gusto
1 cucharadita de pimienta negra molida O al gusto
Azúcar de repostería
¼ taza de caldo de carne reducido
1½ cucharada de perejil de hoja plana picado
1 taza de queso myzithra fresco
⅓ taza de queso feta finamente rallado
½ cucharadita de nuez moscada rallada
2 yemas de huevo
12 hojas de filo
canela molida

INSTRUCCIONES:
Caliente 1 cucharada de aceite de oliva y 2 cucharadas de
mantequilla en una sartén pesada y saltee la cebolla a fuego lento
hasta que esté suave, aproximadamente 8 minutos. Suba el fuego,
agregue la carne y saltee hasta que esté ligeramente dorada,
rompiendo los grumos con una cuchara de madera. Agregue los
tomates, la miel, la canela, la sal y ½ cucharadita de pimienta y
deje hervir. Agregue el caldo, hierva, reduzca el fuego y cocine a
fuego lento durante 15 minutos, o hasta que casi todo el líquido se
haya evaporado.

Agregue la mejorana y el perejil, y más canela, mejorana y
pimienta al gusto (no agregue sal en este punto, ya que la mezcla

de queso está salada). Ponga a un lado, o refrigere por hasta 24 horas.

Caliente el horno a 375 F. Presione el myzithra a través de un tamiz o un molino de alimentos en un tazón. Combine con el queso feta, la nuez moscada, la ½ cucharadita restante de pimienta y las yemas de huevo, cubra y reserve.

Combine las 4 cucharadas restantes de mantequilla y aceite de oliva en una cacerola pequeña y derrita a fuego muy bajo. Cepille una bandeja para hornear pesada con un poco de esta mezcla. Coloque las hojas de filo una encima de la otra y córtelas por la mitad transversalmente para hacer 24 hojas. Vuelva a envolver bien la mitad de las hojas y refrigere. Coloque 1 de las hojas restantes sobre una superficie de trabajo limpia, con un extremo largo hacia usted, y cepille ligeramente con la mezcla de mantequilla. Coloque una segunda hoja encima, úntela con la mezcla y repita con una tercera hoja. Coloque otra hoja encima. Divide la mezcla de carne en 6 porciones. Coloque 1 porción en el tercio inferior de la hoja de filo superior y déle forma de salchicha de aproximadamente 8 pulgadas de largo. Divida el relleno de queso en 6 porciones y extienda 1 porción sobre la carne. Dobla los bordes inferiores de las capas de filo sobre el relleno, luego dobla los 2 lados, y enrolle para hacer un paquete firme y ordenado. Coloque en la bandeja para hornear y repita con el resto del filo y el relleno.

Cepille los rollos con la mezcla de mantequilla restante y hornee de 25 a 30 minutos, o hasta que estén dorados. Escurra sobre toallas de papel, espolvoree abundantemente con azúcar glas y canela, y transfiéralo a un plato tibio.

68. Rollos de huevo filo

Rinde: 6 porciones

INGREDIENTES:
- 1 tallo de apio, cortado en juliana fina
- 2 tallos de repollo bok choy, cortados en juliana fina
- ¼ cebolla morada, mediana, cortada en juliana fina
- 4 tirabeques cortados en juliana fina
- 2 cebolletas, cortadas en juliana fina
- ¾ taza de repollo verde, rallado
- 2 cucharadas de pimiento rojo picado
- 1 cucharada de salsa de soja reducida en sodio
- 2 cucharaditas de jerez
- 1 cucharadita de vinagre de vino de arroz
- 1 cucharadita de vino de ciruela
- ¼ de cucharadita de pimienta de cayena
- ¼ de cucharadita de cilantro molido
- 2 cucharadas de aceite vegetal
- 1 cucharadita de jengibre, fresco rallado
- ½ cucharadita de ajo picado
- 2 cucharadas de cilantro, fresco o perejil picado
- ¼ taza de brotes de soja
- 1 cucharadita de aceite de sésamo oscuro
- 6 hojas de masa filo
- Aerosol de aceite vegetal

INSTRUCCIONES:
a) Combine el aceite de las verduras excepto los brotes de soja. En un tazón pequeño, combine los condimentos líquidos, la pimienta de cayena y el cilantro.
b) Caliente el aceite en un wok o sartén grande a fuego alto. Agregue el jengibre y el ajo y saltee, revolviendo constantemente, durante 30 segundos o hasta que estén fragantes. Agregue las verduras y saltee durante 2 minutos o hasta que estén ligeramente cocidas pero aún crujientes. Agregue los líquidos y saltee durante 1 minuto.

) Retire del fuego y agregue el cilantro, los brotes de soja y el aceite de sésamo. Dejar de lado.

) Precalentar el horno a 375 grados. Separe con cuidado una hoja de hojaldre y coloque aproximadamente ¾ de taza del relleno vegetal en el centro de uno de los extremos más cortos del rectángulo. Dobla los lados alrededor del relleno para encerrarlo y luego enrolla el filo en un rollo de huevo. Coloque en una bandeja para hornear con la costura hacia abajo.

) Rocíe los rollos ligeramente con aceite vegetal en aerosol y merluza durante 10 a 12 minutos en el centro del horno o hasta que los rollos estén dorados.

69. Rollitos de filo de pollo picante

Rinde: 24 porciones

INGREDIENTES:
3 tazas de caldo de pollo; o agua
2 pechugas de pollo enteras sin piel y sin hueso
1 taza de crema agria baja en grasa
3 cucharadas de cebollines picados
2 cucharadas de jugo de limón fresco
1 chile jalapeño; sin semillas y picado
1 cucharadita de comino
2 claras de huevo; golpeado con
2 cucharadas de agua
12 hojas de pasta filo; descongelado y reducido a la mitad
salsa; para acompañamiento

INSTRUCCIONES:
En una sartén profunda de 12", hierva el caldo o el agua y agregue el pollo en una capa. Reduzca el fuego y escalfe el pollo a fuego lento, volteándolo una vez, durante 7 minutos. Retire la sartén del fuego y enfríe el pollo en líquido durante 20 minutos.
Corte el pollo en tacos de ¼".
En un tazón grande, mezcle el pollo, la crema agria, las cebolletas, el jugo de lima, el jalapeño, el comino y sal y pimienta al gusto. Enfríe cubierto al menos 2, pero no más de 3 horas.
Precaliente el horno a 400ø y cubra ligeramente 2 bandejas para hornear con aceite en aerosol.
En la superficie de trabajo, coloque 1 rectángulo de hojaldre con el lado corto hacia usted y cepille ligeramente con huevo batido. Coloque 1 cucharada colmada de relleno en el centro del tercio inferior del rectángulo y doble los lados largos para cubrir el relleno. Cepille ligeramente el filo doblado con huevo batido y enrolle como si fuera un rollo de gelatina. Repita con los ingredientes restantes.
Coloque los rollos, con la unión hacia abajo, en bandejas para hornear y hornee en lotes en el medio del horno de 20 a 30 minutos o hasta que estén dorados.

70. Rollitos de pescado ahumado

Rinde: 1 porciones

INGREDIENTES:
8 onzas de pescado ahumado; en copos
¼ taza de mayonesa o aderezo para ensaladas
1 cucharada de jugo de limón
1 cucharadita de rábano picante
1 cucharadita de cebolla rallada
Masa para masa de 9 pulgadas
Pimenton

INSTRUCCIONES:
Mezcle bien la mayonesa y los condimentos. Divide la masa por la mitad. Enrolle la mitad en círculos muy delgados de 9". Unte el círculo con la mitad de la mezcla de pescado. Córtelo en 16 trozos en forma de cuña. Enróllelo como si fuera una gelatina, comenzando por el borde redondo.
Coloque en una bandeja para hornear de 15x10x1 pulgadas.
Pinche las tapas para permitir que escape el vapor.
Espolvorear con pimentón. Hornee en un horno muy caliente, 450 durante 10 a 15 minutos o hasta que estén ligeramente dorados.
Rinde 32 entremeses.
Se puede preparar con anticipación, cubrir con papel encerado y refrigerar hasta que esté listo para hornear.

71. Molinillos De Salchicha Y Queso Crema

Hace: 12

INGREDIENTES:
- 1 libra de salchicha de cerdo a granel
- 2 paquetes (8 onzas) de rollos de media luna refrigerados
- 1 paquete (8 onzas) de queso crema, ablandado

INSTRUCCIONES:
Cocine y revuelva la salchicha en una sartén grande a fuego medio-alto hasta que se dore y se desmorone, aproximadamente 10 minutos; drene y deseche la grasa.
Extienda la masa de un paquete de media luna sobre una superficie de trabajo; pellizque las perforaciones para crear una sola hoja de masa. Extienda la mitad del queso crema sobre la masa, dejando un margen de 1/2 pulgada en el borde. Espolvorea la mitad de la salchicha cocida uniformemente sobre el queso crema. Comenzando en un borde largo, enrolle la masa alrededor del relleno hasta formar un tronco; envuélvalo en una envoltura de plástico o papel pergamino. Repita para hacer y envolver un segundo rollo. Refrigere los rollos hasta que estén firmes, al menos 1 hora.
Precaliente el horno a 375 grados F (190 grados C).
Retire los rollos del refrigerador y desenvuélvalos. Corte los rollos en rebanadas de 1/2 pulgada de grosor y colóquelos en una bandeja para hornear.
Hornee en el horno precalentado hasta que estén doradas, de 10 a 15 minutos.

72. Molinillos de rollo de media luna con hierbas

Hace: 6

INGREDIENTES:
- 1/4 taza de perejil fresco
- 2 cucharadas de romero fresco
- 2 cucharadas de orégano fresco
- 3/4 barra (6 cucharadas) de mantequilla, blanda
- 1 cucharadita de ajo picado
- 1 tubo (8 oz) de rollo de media luna refrigerado

INSTRUCCIONES:
Precaliente el horno a 400°F. Picar el perejil, el romero y el orégano. En un tazón pequeño, mezcle la mantequilla, las hierbas y el ajo. Condimentar con sal y pimienta.

En una hoja grande de papel pergamino, desenrolle la masa, presionando firmemente las perforaciones para crear 1 hoja grande. Extienda la mantequilla de hierbas sobre la masa. Comenzando desde el lado corto del rectángulo, enrolle la masa al estilo de un rollo de gelatina. Con un cuchillo de sierra, córtelas en rodajas de ½ pulgada de grosor.

Coloca las rebanadas en una bandeja para hornear forrada con pergamino y hornea 15 min., hasta que estén doradas.

RUEDAS DE ROLLOS DE MEDIA LUNA

73. Molinetes chinos

Rinde: 1 receta

INGREDIENTES:
½ libra de carne molida
1 sobre Champiñones de carne Liptons
Sopa
1 taza de brotes de soja, bien escurridos
½ taza de castañas de agua en cubitos
2 cucharaditas de cebolla picada
2 paquetes de rollos de media luna

INSTRUCCIONES:
Dorar la carne con cebolla.
Agregue la mezcla de sopa, los brotes de soja, las castañas de agua
y mezcle.
Corte los rollos Crescent a lo largo y coloque los bordes de sellado
con las yemas de los dedos. Coloque la mezcla de carne en el
centro de la tira y enrolle.
Corte en trozos de aproximadamente 1½" con un cuchillo afilado o
un par de tijeras afiladas y colóquelos en una bandeja para
hornear galletas. Hornee a 375~ 15 min o hasta que estén
dorados.

74. Molinillos de espinacas con queso

Rinde: 16 Aperitivos

INGREDIENTES:
- 1 lata de rollos de media luna refrigerados
- 8 hojas de espinacas frescas grandes
- 6 cucharadas de queso crema con ajo y hierbas; suavizado

INSTRUCCIONES:
a) Caliente el horno a 350~. Desenrolle la masa en 2 rectángulo largos.

b) Perforaciones perforadas con firmeza para sellar. Unte co queso crema hasta 14" de los bordes; cubra con hojas de espinaca

c) Empezando por el lado más corto, enrolla el rectángulo; presion los bordes para sellar. Cortar el rollo en 8 rebanadas.

d) Coloque, con el lado cortado hacia abajo, en una bandeja par hornear galletas sin engrasar.

e) Hornee a 350~ durante 12-18 minutos, o hasta que esté doradas.

f) Retire inmediatamente de la bandeja para hornear galletas Servir tibio.

75. Molinillos de queso crema de chocolate

Rinde: 6 porciones

INGREDIENTES:
- 1 paquete (8 oz) de panecillos de media luna refrigerados
- 4 onzas de queso crema; suavizado
- 2 cucharadas de mermelada de albaricoque
- ½ taza de chispas de chocolate semidulce, miniatura
- ⅓ taza de nueces; Cortado

INSTRUCCIONES:
a) Precaliente el horno a 375 F. En una hoja de papel encerado ligeramente enharinada, desenrolle los rollos de media luna, pero no los separe. Pat rollos para formar un rectángulo; juntar las costuras. Rectángulo de masa ligeramente enharinado; cubra con otra hoja de papel encerado y enrolle con un rodillo hasta obtener un rectángulo de 10 x 15 pulgadas.

b) Mezcle el queso crema con mermelada hasta que quede suave. Extienda sobre la masa hasta 1 pulgada de los bordes. Espolvorea las chispas de chocolate y luego las nueces de manera uniforme sobre la masa. Enrolle desde un lado largo, como un rollo de gelatina, presionando las costuras sueltas a medida que avanza. Corta el rollo en 9 rebanadas iguales.

c) Coloque las rebanadas con los lados cortados hacia abajo en un molde para pastel engrasado de 9 pulgadas; aplanar ligeramente para llenar el molde. Hornea durante 20 minutos o hasta que estén doradas. Servir tibio.

76. Molinillos de parmesano y romero

Hace: 1 docena

INGREDIENTES:
- 1 rollo Pillsbury Refrigerated Crescent Dinner Rolls
- 1 recipiente (8 onzas) de queso crema batido philadelphia
- 1⁄3 taza de queso parmesano fresco, rallado
- 4 cucharaditas de ramitas de romero fresco (o 2 cucharaditas de romero seco)

INSTRUCCIONES:
a) Precaliente el horno a 375°F
b) No separe la masa en triángulos. Presione suavemente o enrolle las costuras para sellarlas, pero no las aplaste.
c) En un tazón pequeño, mezcle el queso crema, el queso parmesano y el romero.
d) Extienda la mezcla sobre la masa.
e) Enrolle la masa desde el lado largo. Cortar en rollos de 1/2 pulgada.
f) Por favor, molinetes planos sobre una bandeja para hornear galletas o una piedra para hornear.
g) Hornee de 12 a 15 minutos o hasta que estén doradas.
h) Servir tibio.

77. Aperitivos de molinete de cangrejo

Hace: 24

INGREDIENTES:
- 1 paquete (6-8 oz) de cangrejo de Alaska congelado descongelado
- 1 taza de queso suizo rallado
- 3 cucharadas de cebollas verdes rebanadas
- 1 cucharada de perejil picado
- ⅛ de cucharadita de mostaza seca
- 1 pizca de pimienta molida fresca
- ¼ taza de mayonesa
- 1 paquete de rollos de media luna para refrigerador

INSTRUCCIONES:
a) Escurrir y trocear el cangrejo. Combine con queso, cebolla verdes, perejil, mostaza, pimienta y mayonesa.
b) Desenrolle con cuidado la masa para rollos de media luna humedecer y sellar las perforaciones.
c) Extiéndalo suavemente para formar un rectángulo de 9" x 15" Extienda la mezcla de cangrejo sobre la masa a 1" de los bordes.
d) Desde el lado largo, enrolle como un rollo de gelatina, sellando bien.
e) Cortar en rodajas de ½" y colocar en una bandeja para hornear engrasada. Hornear a 375 grados 10-12 minutos hasta que esté doradas.
f) Servir tibio.

78. Molinillos de pizza con rollo de media luna

Rinde: 20 porciones

INGREDIENTES:
- 1 lata (8 onzas) de masa para rollos de media luna
- 2 onzas /1/2 taza de pepperoni, finamente picado
- 1 taza de queso mozzarella, rallado
- 2 cucharadas de champiñones o pimiento morrón; picado muy fino
- 1 cucharada de cebolla, finamente picada
- 1 taza de marinara o salsa para pizza; para mojar

INSTRUCCIONES:
a) Desenrolle la masa y sepárela en 4 rectángulos. Presione las perforaciones juntas.
b) Espolvorea el pepperoni de manera uniforme sobre los rectángulos, luego los champiñones o el pimiento, la cebolla (si se usa) y el queso rallado.
c) Enrolle un rectángulo con fuerza, comenzando con el extremo corto.
d) Corta el rollo en 5 o 6 rebanadas iguales y colócalas en la bandeja para hornear, dejando unos centímetros entre ellas. Repita con los rollos restantes.
e) Hornee durante unos 14 a 18 minutos, hasta que esté bien dorado.
f) ¡Sirve con marinara caliente o salsa para pizza y disfruta!

MOLINILLOS DE PAN

79. Molinillos de requesón y piña

Rinde: 1 porciones

INGREDIENTES:
2 rebanadas de pan blanco sin corteza
2 cucharaditas de pasta para untar baja en grasa
2 onzas de queso cottage bajo en grasa con piña
almendras o cacahuetes sin sal, finamente picados

INSTRUCCIONES:
) Cubra las rebanadas de pan de manera uniforme con la pasta
   para untar baja en grasa. Reserve 2 cucharaditas de requesón y
   divida el resto entre el pan para untar para cubrir la superficie.
) Enrollar en formas de salchicha
) Triture el queso cottage reservado con una cucharadita hasta
   que quede suave y luego extiéndalo un poco a lo largo del
   sándwich enrollado.
) Tueste ligeramente las nueces picadas y espolvoréelas a lo largo
   del rollo.
) Servir de una vez.

80. Molinetes de tostadas de chocolate y malvaviscos

Rinde: 8 porciones

INGREDIENTES:

PARA LOS MOLINILLOS:

- 8 rebanadas de pan de molde blanco
- ½ taza de mini malvaviscos
- ½ taza de chispas de chocolate pequeñas
- 1 cucharada de mantequilla

PARA LA MEZCLA DE HUEVO DE CHOCOLATE:

- 2 huevos grandes
- 3 cucharadas de leche
- ½ cucharada de extracto de vainilla
- 1 cucharada de cacao en polvo

PARA LA MEZCLA DE CHOCOLATE Y AZÚCAR:

- ⅓ taza de azúcar granulada
- 1 cucharadita de canela
- 1 cucharada de cacao en polvo

INSTRUCCIONES:

a) Cortar la corteza de la rebanada de pan y aplanar la rebanada con un rodillo.

b) Coloque los mini malvaviscos y las chispas de chocolate en el interior hacia un extremo de la rebanada de pan.

c) Enrolle el pan con fuerza. Repita con las rebanadas de pan restantes.

d) Prepare la mezcla de huevo de chocolate: en un tazón poco profundo, mezcle los huevos, la leche, el extracto de vainilla y una cucharada de cacao en polvo. Revuelva bien.

e) Prepara la mezcla de chocolate y azúcar: en un plato, mezcla el azúcar, la canela y una cucharada de cacao en polvo. Dejar de lado.

f) Caliente una sartén a fuego medio y derrita la mantequilla.

g) Sumerja el rollo en la mezcla de huevo de chocolate, cubriéndolos bien, y colóquelos en la sartén. Cocínelos hasta que estén dorados por todos lados, aproximadamente 2 minutos por lado. Agregue mantequilla a la sartén según sea necesario.

h) Saque el rollo cocido de la sartén y páselo inmediatamente por la mezcla de chocolate y azúcar hasta que esté completamente cubierto de azúcar.

81. Blintzes de queso o molinillos de queso crema

Rinde: 1 porciones

INGREDIENTES:
30 rebanadas de pan blanco; (alrededor de 1 1/2 panes), sin corteza
¼ de taza) de azúcar
8 onzas de queso crema
2 yemas de huevo
1½ barras de mantequilla; Derretido
12 cucharadas de azúcar
6 cucharaditas de canela
1 pinta de crema agria

INSTRUCCIONES:
a) Batir ¼ de taza de azúcar, queso crema y yemas de huevo. Cortar las cortezas del pan. Aplane el pan con un rodillo hasta que quede delgado. Mezcla 12 cucharadas de azúcar y canela. Extienda 1 cucharada de la mezcla de queso crema sobre el pan.
b) Enrollar. Repite este proceso, hasta que todas las rebanadas de pan estén rellenas con la mezcla de queso crema y enrolladas. Trabajando con 1 roll-up a la vez, cepille con mantequilla derretida y enrolle en azúcar con canela. Cortar por la mitad o en tercios.
c) Estos se pueden congelar en este punto o hornear durante 10 minutos a 400 grados F. Para servir, los invitados deben sumergir Pinwheels en crema agria.
d) Agite solo un toque de canela en la crema agria, si lo desea.

82. Molinillos de queso azul

Rinde: 36 porciones

INGREDIENTES:
- ¼ libras de queso azul (temperatura ambiente)
- ½ taza de perejil picado
- 4 cucharadas de mantequilla, ablandada
- 6 rebanadas de pan blanco suave

INSTRUCCIONES:

a) En un tazón pequeño, mezcle el queso azul, ¼ taza de perejil picado y 2 cucharadas de mantequilla hasta que estén bien mezclados.

b) Corta la corteza de las rebanadas de pan; reserve los recortes de pan para hacer migas otro día. Con un rodillo, aplana las rebanadas de pan. Distribuya uniformemente alrededor de 1 cucharada colmada de la mezcla de queso sobre la rebanada de pan; enrollar, forma de rollo de gelatina.

c) Sobre papel encerado, coloca el ¼ de taza restante de perejil picado. Unta el exterior de los rollos de queso con la mantequilla restante; cubra ligeramente con perejil. Envuelve bien los rollos en una envoltura de plástico; refrigere por lo menos 30 minutos para rebanar más fácilmente.

d) Para servir, corte el rollo de queso cubierto con perejil transversalmente en seis rebanadas. Coloque las rebanadas, con el lado cortado hacia arriba, en un plato. Rinde 3 docenas de entremeses.

83. Pan molinillo de canela

Rinde: 1 porciones

INGREDIENTES:
- 2 tazas de harina de pan
- 1 taza de harina de pastel
- 2 cucharadas de azúcar
- 1 cucharadita de sal
- 2½ cucharadita de levadura de crecimiento rápido
- ¼ taza de mantequilla sin sal
- 1 taza Menos unas 2 cucharadas de leche
- 1 huevo grande
- 3 cucharadas de mantequilla fría sin sal; cortar en pedacitos
- 1 huevo grande; batido y dividido
- 2 cucharadas de canela molida; dividido
- ¼ taza de azúcar turbinado; dividido

INSTRUCCIONES:

a) En el bol de la batidora con cuchilla de acero, añade las harinas, el azúcar, la sal y la levadura. Pulse para mezclar.

b) Ahora, corte la mantequilla finamente y pulse para mezclar hasta que casi desaparezca.

c) En una medida de vaso, calienta la leche en el microondas a unos 120 grados (unos 45 segundos a máxima potencia), luego añade el huevo. Bate con un tenedor, luego, con el motor en marcha, vierte gradualmente los líquidos lentamente en los ingredientes secos, reteniendo las últimas cucharadas de líquido para ver si la masa forma una bola.

d) Procese hasta que la masa comience a despegarse del costado del tazón, formando una bola. Agregue la última porción de líquido solo si es necesario. Amasar durante 60 segundos, agregando harina según sea necesario si la masa parece pegajosa. Pellizque un trozo de masa. Debe sentirse pegajoso, suave, elástico y cálido.

e) Retire la masa y la cuchilla de acero y prepárelo para microleudar. En una superficie ligeramente enharinada, amase la masa a mano unos segundos, luego forme una bola con la masa. Con los pulgares, haga un agujero para formar una rosquilla y vuelva a colocarlo en el recipiente del procesador. Cubra sin apretar con un paño de cocina húmedo o una envoltura de plástico.

f) Coloque un vaso de agua de 8 onzas en la parte posterior del microondas. Baje la potencia del microondas a la configuración de micro-elevación adecuada.

g) Calentar durante 3 minutos. Descansa por 3 minutos. Calentar durante 3 minutos. Descanse durante 6 minutos o hasta que la masa haya subido aproximadamente al doble de su volumen.

h) Retire la masa a una superficie ligeramente enharinada y amase a mano unos segundos. Vuelva a darle forma de dona (como se describe en el paso 4), vuelva a colocarla en el recipiente del procesador y levántela nuevamente en el microondas, repitiendo e paso 5.

i) Engrase generosamente un molde para pan de vidrio estándar de 8½ x 4 ½ x 2 ½ pulgadas.

j) Precaliente el horno a 375.

k) Una vez que la masa haya subido por segunda vez, golpee y enrolle en forma rectangular de aproximadamente 10x12 pulgadas. Cubra con trozos de mantequilla fría y pique esto con un raspador de masa (cuchilla para masa). Ahora, pinte la masa con todo menos 2 cucharadas de huevo batido y pique eso. Esparza canela y azúcar tubinado por encima, reteniendo una pizca fuerte para la parte superior. Ahora enróllalo como si fuera un rollo de gelatina, comenzando por el lado de 10 pulgadas.

l) Coloque con cuidado la masa en el molde preparado, con la juntura hacia abajo, y déjela crecer una última vez, ya sea en el microondas, repitiendo el paso 5, o en un lugar cálido y sin corrientes de aire, hasta que la masa casi duplique su volumen.

m)   Cuando la masa haya subido, pintar con el huevo reservado para hacer un glaseado, con cuidado de que no se escurra por las paredes de la sartén (se pega).

n) Haga 3 rebanadas diagonales profundas en la parte superior con un cuchillo afilado o una hoja de afeitar.

o) Espolvorea la parte superior con la canela reservada y el azúcar turbinado.

p) Hornee en la rejilla del medio en el horno precalentado de 25 a 30 minutos o hasta que se dore uniformemente.

q) Retire inmediatamente a la rejilla para que se enfríe. Envolver en plástico para almacenar. Este pan se conserva hasta una semana, debidamente almacenado.

84. Rollos de molinillo de hierbas

Rinde: 16 porciones

INGREDIENTES:
- 1 taza de leche
- 1 cucharada de mantequilla
- 1 paquete de levadura seca
- ½ taza de agua tibia (105-115 grados)
- 1 cucharada de azúcar
- 1 cucharadita de sal
- 3½ taza de harina de pan
- 1 cebolla mediana picada
- 1 cucharada de mantequilla
- 2 cucharaditas de eneldo seco
- Mantequilla derretida

INSTRUCCIONES:

a) Engrase generosamente un tazón grande y un molde par hornear redondo de 10 pulgadas.

b) Escalde la leche con 1 cucharada de mantequilla y enfríe hast que esté tibia.

c) Espolvoree la levadura sobre agua tibia en un tazón grande déjela reposar hasta que esté leudada y espumosa aproximadamente 10 minutos. Agregue la leche, el azúcar y la sal

d) Agrega 2 tazas de harina y bate bien. Agregue 1 taza más d harina y mezcle bien.

e) Voltee sobre una tabla ligeramente enharinada y amase la harin restante hasta que la masa esté suave y satinada aproximadamente 10 minutos. Coloque en un tazón engrasad volteando para cubrir toda la superficie.

f) Cubra y deje crecer en un área tibia hasta que se duplique, 1 horas.

g) Saltee la cebolla en mantequilla hasta que esté tierna pero n dorada, reserve. Golpee la masa y amase varias veces. Enrolle en u rectángulo de 16x11 pulgadas.

h) Espolvorea uniformemente con cebolla, luego con eneld Enrolle a lo largo la forma de rollo de gelatina. Cortar en trozos d 1 pulgada y colocar en un molde preparado de 10 pulgadas pa que el rollo apenas toque. Cepille con mantequilla y deje crec hasta que se duplique, de 30 a 45 minutos.

i) Precaliente el horno a 375 grados. Hornee los panecillos hast que estén dorados, unos 30 minutos.

85. Molinillos de spam

Rinde: 16 porciones

INGREDIENTES:
- 1 libra de masa de pan congelada, descongelada
- ¼ taza de salsa para pizza
- Lata de 7 oz de fiambre SPAM, en cubos
- 2 tazas de queso mozzarella rallado
- 2 cucharadas de pepperoncini picado
- Salsa de pizza

INSTRUCCIONES:
a) Extienda el pan sobre una superficie ligeramente enharinada hasta que quede un cuadrado de 12". Unte la masa de pan con la salsa para pizza.
b) Espolvorea SPAM, queso y pepperoncini sobre la masa.
c) Enrolle la masa, a la manera de los rollos de gelatina; pellizque la costura para sellar (no selle los extremos).
d) Cortar el rollo en 16 rebanadas. Coloque las rebanadas, con el lado cortado hacia abajo, en una bandeja para hornear engrasada.
e) Cubra y deje crecer en un lugar cálido durante 45 minutos.
f) Caliente el horno a 350'F. Hornea de 20 a 25 minutos o hasta que estén doradas. Sirva inmediatamente con salsa para pizza.

86. Molinillo de chucrut de cerdo

Rinde: 9 porciones

INGREDIENTES:
- ¾ taza de pan rallado, seco
- 2 huevos de cada uno. ligeramente golpeado
- ⅓ taza de leche
- 1½ cucharadita de sal
- ¼ cucharadita de pimienta
- 1 cucharadita de hojas de tomillo
- 1 cucharada de salsa Worchestershire
- 2 libras de carne de cerdo, magra, molida
- 16 onzas de chucrut
- ¼ taza de cebolla, picada
- 3 cucharadas de pimiento, picado
- 1 cucharada de azúcar
- 5 rebanadas de tocino

INSTRUCCIONES:
a) Combine el pan rallado, los huevos, la leche, la sal, la pimienta, el tomillo y la salsa Worchestershire. Mezclar con carne de cerdo.

b) Sobre papel encerado, aplique la mezcla en un rectángulo de 12 x 9 pulgadas.

c) Combine el kraut, la cebolla, el pimiento morrón y el azúcar, distribuya uniformemente sobre la carne.

d) Enrolle desde el extremo angosto. Coloque el pan en una fuente para hornear engrasada y poco profunda.

e) Coloque el tocino encima.

f) Hornee en horno a 375 F. 70 minutos.

87. Molinete de pavo en pan Lavash

Rinde: 1 porciones

INGREDIENTES:
- 2 piezas de pan Lavash
- 8 onzas de queso crema bajo en grasa
- 2 cucharadas de hierbas frescas favoritas, picadas
- 1 manojo de hojas de espinaca
- 1 manojo de hojas de rúcula
- ½ libra de pechuga de pavo en rodajas

INSTRUCCIONES:
a) Caliente el pan Lavosh en el horno.
b) Mientras se calienta, en un tazón pequeño, combine el quesí crema y las hierbas.
c) Retire el pan del horno y unte suavemente un lado con la mezcí de queso crema.
d) Coloque un trozo de espinaca sobre la mezcla de queso, luego rúcula y cubra con una rebanada de pavo.
e) Enrolle el pan Lavash y luego córtelo en trozos.

88. Rollitos de pavo y lavosh

Rinde: 8 porciones

INGREDIENTES:

1½ libras de pechuga de pavo sin piel

1 pizca de condimento para aves Paul Prudhomme

½ taza de tomates secados al sol

4 onzas de queso crema ligero (Neufchatel); suavizado

16 hojas de albahaca fresca

½ cucharadita de sal

½ cucharadita de pimienta negra recién molida

8 rectángulos de Lavosh; 6 pulgadas por 8 pulgadas u 8 tortillas de trigo integral

INSTRUCCIONES:

Precalentar el horno a 400 grados. Envuelva bien la pechuga de pavo en una envoltura de plástico apta para microondas y luego, sin apretar, en papel de aluminio. Coloque en una fuente para horno y hornee hasta que los jugos salgan claros, aproximadamente 1 hora. Sazone al gusto con el condimento para aves Paul Prudhomme. Ponga a un lado para enfriar. Remoje los tomates secados al sol en agua hirviendo para cubrir hasta que estén suaves, aproximadamente 10 minutos.

Escurrir, reservando el líquido. Cortar los tomates en juliana. Ponga la mitad en el recipiente de un procesador de alimentos y reserve el resto. Pulse los tomates, agregando suficiente del líquido de remojo reservado para formar una pasta suave.

Agregue el queso crema, la sal y la pimienta y procese hasta que quede suave. Para armar, corte en rodajas finas la pechuga de pavo enfriada. Unte el rectángulo de lavosh con 2 cucharadas de la mezcla de queso crema, luego cubra con 3 onzas de pavo rebanado, 2 o 3 tiras de tomate secado al sol y 2 hojas de albahaca. Enrolle firmemente. Si lo desea, corte los rollos en trozos en diagonal para servir.

89. Rollo de pan de verduras

Rinde: 1 porciones

INGREDIENTES:
- 1 paquete de masa de pan francés
- ½ Cebolla picada
- 2 tazas de verduras, picadas, como champiñones, zanahorias, brócoli, calabacín
- 2 cucharadas de queso parmesano sin grasa

INSTRUCCIONES:
a) Saltee las cebollas y los champiñones en un poco de agua hasta que estén suaves, agregue otras verduras y cocine hasta que estén relativamente suaves.

b) Desenrolle el paquete de masa de pan fresco y extienda las verduras uniformemente sobre todo. Cubra con queso parmesano.

c) Enrolle con cuidado y colóquelo con la costura hacia abajo en una bandeja para cocinar.

d) Hornee a 350 grados durante 25 minutos, hasta que la parte superior esté ligeramente dorada.

e) Si la parte superior se pone demasiado dorada, cubra con papel de aluminio para equilibrar el tiempo de horneado.

MOLINILLOS DE PASTA

90. Molinetes de lasaña de almejas

Rinde: 8 porciones

INGREDIENTES:
- 6 fideos de lasaña
- 1¾ taza de salsa bechamel
- 2 tazas de queso mozzarella; triturado, 1/2 lb.
- ¼ taza de queso parmesano; recién rallado
- 2 cucharadas de pan rallado fresco
- 1 cucharada de aceite de oliva
- 1 taza de cebolla; Cortado
- 2 dientes de ajo; picado
- 28 onzas de tomates; enlatado, sin escurrir
- 2 cucharadas de pasta de tomate
- 10 onzas de almejas pequeñas; enlatado, sin escurrir
- 1 cucharadita de orégano seco
- ¼ de cucharadita de hojuelas de pimiento picante
- 2 cucharadas de perejil fresco; picado
- Sal y pimienta
- 2 tazas de espinacas frescas; lleno
- 2 huevos grandes
- 2½ libras de queso ricota
- 1 taza de muzzarella; 1/4 libra, rallado
- ½ taza de queso parmesano; recién rallado
- 2 cucharadas de cebollas verdes; Cortado
- 2 cucharadas de perejil fresco; Cortado
- 2 cucharadas de albahaca fresca; picado, o 1 cdta. seco

INSTRUCCIONES:
a) La lasaña es un plato que requiere mucho tiempo para hacer, pero es tan popular y fácil de servir que el esfuerzo parece más que vale la pena. Todas las partes de este plato se pueden preparar con anticipación y la lasaña se puede armar varias horas antes de hornear.

b) Salsa de almejas: En una cacerola pesada, caliente el aceite a fuego medio; cocine la cebolla y el ajo, revolviendo, durante 5 minutos o hasta que se ablanden. Agregue los tomates, tritúrelos con un tenedor y la pasta de tomate. Escurre las almejas y reserva ¾ de taza (175 ml) de jugo; agregue el jugo a la cacerola y reserve las almejas. Agrega el orégano y las hojuelas de pimiento picante; Hervirlo.

c) Reduzca el fuego y cocine a fuego lento durante 25 minutos o hasta que esté lo suficientemente espeso como para que quede espacio después de pasar una cuchara por el fondo de la sartén; dejar enfriar.

d) Agrega las almejas, el perejil y sal y pimienta al gusto. (La salsa se puede tapar y refrigerar hasta por 1 día o congelar hasta por 1 mes). Relleno de ricota y espinacas: Enjuague las espinacas pero no las seque. En una cacerola a fuego medio-alto, cocine las espinacas con solo el agua adherida a las hojas durante 4 minutos o hasta que se ablanden. Expulse la mayor cantidad de humedad posible; picar finamente y colocar en un tazón. Mezcle los huevos, ricotta, mozzarella, queso parmesano, cebolla, perejil y albahaca.

e) En una olla grande con agua hirviendo con sal, cocine los fideos hasta que estén tiernos, aproximadamente 8 minutos. Enjuague en agua fría. (Los fideos cocidos se pueden colocar en un tazón grande, cubrir con agua fría y refrigerar hasta por 1 día). Armado: Distribuya aproximadamente ¾ de taza (175 mL) de la salsa de almejas en una fuente para hornear de 13 x 9 pulgadas (3½ L). .

f) Escurrir y secar los fideos; Cortar por la mitad. Trabajando con la mitad a la vez, unte con aproximadamente 3 cucharadas (50 ml) del relleno de ricotta y espinacas, dejando 1 pulgada (2½ cm) sin cubrir en un extremo. Extienda aproximadamente 2 cucharadas (25 ml) de salsa de almejas sobre el relleno. Comenzando por el extremo cubierto, enrolle y coloque, con la costura hacia abajo, en dos filas sobre la salsa de almejas en un plato. Extienda la salsa de almejas restante alrededor de los panecillos.

g) Vierta la salsa bechamel sobre los panecillos; espolvorear con mozzarella, queso parmesano y pan rallado. (La lasaña se puede cubrir y refrigerar hasta por 4 horas). Hornee a 350 F (180 C) durante 45 minutos o hasta que la salsa burbujee y la parte superior esté crujiente y dorada. Deje reposar durante 10 minutos.

91. Lasaña de queso y puerros Molinetes

Rinde: 5 porciones

INGREDIENTES:
125 gramos de lasaña (alrededor de
15 piezas)
1 puerro, finamente picado (blanco
solo porcion)
1 cucharada de aceite vegetal
1 taza de queso ricota
1 taza de queso feta, desmenuzado
1 dientes de ajo, picados
1 huevos, ligeramente batidos
750 mililitros Salsa para pasta, en frasco

INSTRUCCIONES:
Cueza la lasaña en abundante agua hirviendo; drenar la mayoría;
agregue cubitos de hielo para detener la cocción. Dejar reposar en
agua fría. En una cacerola, caliente el aceite; saltee los puerros
hasta que estén tiernos. Retire del fuego y enfríe un poco.
Combine los puerros con ricotta, feta, ajo y huevos.
Extienda ⅓ de la salsa para pasta en una fuente para hornear de
13"x9". Escurra una pieza de lasaña; seque. Esparce
aproximadamente ¼ de taza de la mezcla de puerros de manera
uniforme sobre la lasaña; enrolle y coloque con la costura hacia
abajo en el plato preparado. Repita con la lasaña restante y la
mezcla de puerros.
Coloque los molinetes en un plato y cubra con la salsa restante.
Hornee, tapado, a 350 F. durante 25 minutos. Retire la tapa y
hornee 5 minutos más.

92. manicotti

Hace: alrededor de 20 molinetes

INGREDIENTES:
PARA LOS MANICOTTI:
- 6 huevos
- 2 tazas de harina
- 1½ tazas de agua
- Sal y pimienta para probar

RELLENO DE QUESO RICOTTA:
- 2 libras de queso (puede ser queso de olla)
- 2 huevos
- Sal y pimienta
- Perejil
- Queso parmesano rallado

INSTRUCCIONES:
a) Batir los huevos, la harina, el agua, la sal y la pimienta al gusto.
b) Hacer como tortitas finas, muy rápido, a la parrilla o sartén (yo uso aceite de oliva para freírlas).
c) Rellenar con la mezcla de queso ricotta. Enrollar. Cubrir con salsa.
d) Hornee a 350 grados F durante ½ hora.
e) Deje reposar durante 10 minutos antes de servir.

RELLENO DE QUESO RICOTTA:
f) Mezcle con una cuchara hasta que quede suave y bien mezclado (uso la mitad de esto).

93. Manicotti de queso en tiras

Hace: 6

INGREDIENTES:
- 1 frasco (24 onzas) de salsa de espagueti
- 1 libra de carne molida
- 1-½ tazas (6 onzas) de queso mozzarella semidescremado rallado
- Queso parmesano rallado
- ½ taza de cebolla finamente picada
- 1 diente de ajo picado
- 1 paquete (8 onzas) de conchas manicotti
- 12 piezas de queso en tiras
- Albahaca picada (opcional)

INSTRUCCIONES:
a) En una sartén grande, cocine la carne y la cebolla a fuego medio hasta que la carne ya no esté rosada; agregue el ajo y cocine por aproximadamente 1 minuto.
b) Escurrir la carne.
c) Mezclar con la salsa de espagueti.
d) La mitad de la salsa de carne se debe esparcir en una fuente para hornear engrasada de 9x13 pulgadas.
e) Inserte un trozo de queso en tiras en la cáscara.
f) Coloque los manicotti encima de la salsa de carne.
g) Coloca encima de la salsa de carne; rociar con la salsa restante.
h) Cubra con papel aluminio y hornee a 350 ° durante 25-30 minutos, o hasta que esté completamente caliente.
i) Unte con queso mozzarella y hornee por 5 minutos, o hasta que se derrita.
j) Adorne con queso parmesano rallado y albahaca, si lo desea.

94. Manicotti rellenos de espinacas

Rinde: 4 porciones

INGREDIENTES:

- 12 manicotti
- 1 cucharada de aceite de oliva
- 2 chalotes medianos, picados
- 1 paquete (10 onzas) de espinacas picadas congeladas, descongeladas
- 1 libra de tofu extra firme escurrido y desmenuzado
- 1/4 cucharadita de nuez moscada molida
- Sal y pimienta negra recién molida
- 1 taza de trozos de nuez tostada
- 1 taza de tofu suave, escurrido y desmenuzado
- 1/4 taza de levadura nutricional
- 2 tazas de leche de soja natural sin azúcar
- 1 taza de pan rallado seco

INSTRUCCIONES:

a)   Precaliente el horno a 350°F. Engrase ligeramente una fuente para hornear de 9 x 13 pulgadas. En una olla con agua hirviendo con sal, cocina los manicotti a fuego medio-alto, revolviendo ocasionalmente, hasta que estén al dente, unos 10 minutos. Escurrir bien y correr bajo agua fría. Dejar de lado.

b)   En una sartén grande, caliente el aceite a fuego medio. Agregue los chalotes y cocine hasta que se ablanden, aproximadamente 5 minutos. Exprima las espinacas para eliminar la mayor cantidad de líquido posible y agréguelas a los chalotes. Sazone con nuez moscada y sal y pimienta al gusto, y cocine por 5 minutos, revolviendo para mezclar los sabores. Agregue el tofu extra firme y revuelva para mezclar bien. Dejar de lado.

c)   En un procesador de alimentos, procese las nueces hasta que estén finamente molidas. Agrega el tofu suave, la levadura nutricional, la leche de soya y sal y pimienta al gusto. Procese hasta que quede suave.

d)   Extienda una capa de la salsa de nuez en el fondo de la fuente para hornear preparada. Rellena los manicotti con el relleno. Coloque los manicotti rellenos en capas individuales en la fuente para hornear. Vierta la salsa restante encima.

e)   Cubrir con papel aluminio y hornear hasta que esté caliente, unos 30 minutos. Destape, espolvoree con pan rallado y hornee por 10 minutos más para dorar ligeramente la parte superior. Servir inmediatamente.

95. Molinetes de lasaña de tofu

Rinde: 4 porciones

INGREDIENTES:
- 12 fideos de lasaña
- 4 tazas de espinacas frescas ligeramente empaquetadas
- 1 taza de frijoles blancos cocidos o enlatados, escurridos y enjuagados
- 1 libra de tofu firme, escurrido y secado
- 1/2 cucharadita de sal
- 1/4 cucharadita de pimienta negra recién molida
- 1/8 cucharadita de nuez moscada molida
- 3 tazas de salsa marinara

INSTRUCCIONES:
a) Precaliente el horno a 350°F. En una olla con agua hirviendo con sal, cocine los fideos a fuego medio-alto, revolviendo ocasionalmente, hasta que estén al dente, aproximadamente 7 minutos.

b) Coloque las espinacas en un plato apto para microondas con 1 cucharada de agua. Tape y cocine en el microondas durante 1 minuto hasta que se ablande. Retire del tazón, exprima cualquier líquido restante.

c) Transfiera las espinacas a un procesador de alimentos y pulse para picar. Agregue los frijoles, el tofu, la sal y la pimienta y procese hasta que estén bien combinados. Dejar de lado.

d) Para armar los molinetes, coloque los fideos sobre una superficie de trabajo plana. Extienda unas 3 cucharadas de la mezcla de tofu y espinacas sobre la superficie de los fideos y enrolle. Repita con los ingredientes restantes. Extienda una capa de la salsa de tomate en el fondo de una cacerola poco profunda.

e) Coloque los rollos en posición vertical sobre la salsa y vierta un poco de la salsa restante en el molinete.

f) Cubrir con papel aluminio y hornear durante 30 minutos. Servir inmediatamente.

96. Ziti con molinetes de media luna con queso

Rinde: 6 porciones

INGREDIENTES:
- 2 1/2 tazas (8 oz) de pasta ziti cruda
- 1 libra de carne magra (al menos 80%) molida
- 1 cucharadita de condimento italiano
- 1/4 cucharadita de sal
- 1 frasco (26 oz) de salsa para pasta marinara
- 3 tazas de espinacas tiernas frescas o hojas de col rizada, sin tallos
- 2 tazas de mezcla de queso italiano rallado (8 oz)
- 1 lata (8 oz) de hoja de masa Crescent refrigerada

INSTRUCCIONES:
a) Caliente el horno a 375°F. Rocíe una fuente para hornear de 11x7 pulgadas (2 cuartos) con aceite en aerosol. Cocine y escurra la pasta como se indica en el paquete.

b) Mientras tanto, en una sartén antiadherente de 12 pulgadas, cocina la carne de res, 1/2 cucharadita del condimento italiano y la sal a fuego medio-alto de 5 a 7 minutos, revolviendo ocasionalmente, hasta que pierda el color rosado; drenar. Revuelva la pasta, la marinara y la espinaca en la mezcla de carne hasta que estén bien mezclados. Cuchara en una fuente para hornear. Espolvorea con 1 taza de queso.

c) En un tazón pequeño, mezcle la 1 taza de queso restante y la 1/2 cucharadita de condimento italiano restante hasta que estén bien mezclados. Dejar de lado.

d) Desenrollar la masa. Espolvorea la mezcla de queso uniformemente sobre la masa; presione en la masa.

e) Comenzando por el lado corto, enrolle hacia arriba; presione los bordes para sellar. Con un cuchillo de sierra, corta el rollo en 12 rebanadas; coloca el lado cortado hacia abajo sobre el queso en una fuente para horno.

f) Hornee de 20 a 25 minutos o hasta que las medias lunas estén doradas y ya no sean pastosas.

97. Rollitos de pasta con salsa cremosa de tomate

Rinde: 8 porciones

INGREDIENTES:

- 2 pastas; fresco 9 x 12
- 6 onzas de jamón serrano; rodajas finas
- 1 libra de espinacas; solo hojas, vapor
- 4 onzas de queso ricota
- 2 onzas de queso mozzarella
- 4 cucharadas de queso parmesano Reggiano
- Sal
- Pimienta
- Nuez moscada
- Salsa cremosa de tomate
- 35 onzas de tomate ciruela; agotado
- 3 cucharadas de mantequilla dulce
- 2 cebollas medianas; picado muy fino
- 1 taza de vino blanco seco
- 2 tazas de caldo de pollo
- 1 taza de crema espesa

INSTRUCCIONES:

a) Pon a hervir una olla grande de agua con sal. Deje caer la pasta y cocine por unos 2 minutos.

b) Retire las hojas del agua y enjuague, manipule con cuidado, luego colóquelas sobre hojas de envoltura de plástico. Seque la parte superior de la hoja con una toalla de papel y cubra la pasta con prosciuttos en 1 capa.

c) Extienda la mezcla de espinacas y queso sobre los prosciuttos y enrolle con el lado de 6".

d) Use la envoltura de plástico para ayudarlo a enrollarlo firmemente y luego envuelva el rollo en la envoltura de plástico y refrigere hasta que esté listo para usar.

SALSA:

e) Derrita la mantequilla en una sartén grande y saltee las cebollas hasta que comiencen a dorarse.

f) Agregue el vino a la sartén, hierva la mezcla y reduzca el líquido a aproximadamente ¼ de taza.

g) Agregue el caldo de pollo y vuelva a hervir la mezcla.

h) Reduzca esta mezcla hasta que quede aproximadamente ½ taza. Exprima los tomates escurridos entre los dedos para romperlos y agréguelos a los líquidos reducidos en la sartén, hierva y reduzca a fuego lento y cocine a fuego lento durante unos 30 minutos, observando cuidadosamente y revolviendo con frecuencia.

i) Agregue la crema espesa, continúe cocinando lentamente durante 10 minutos.

j) Pruebe, ajuste la sazón con sal y pimienta.

ASAMBLEA:

k) Retire los rollos de pasta de la envoltura de plástico y colóquelos en la sartén con la salsa.

l) Cuando esté caliente, corte el extremo del rollo para que quede parejo.

m) Luego corte el rollo en 3 partes iguales.

n) Para servir, coloque un charco de salsa en el fondo del plato, coloque 2 o 3 rollos de pasta en el plato, con el lado del molinete hacia arriba.

o) Espolvorea con queso rallado si te gusta y disfruta.

98. Rollitos de cangrejo de la tarifa del mar

Rinde: 6 porciones

INGREDIENTES:
6 fideos de lasaña, cocidos
1 huevo, batido
1 taza de queso ricota
¼ taza de queso parmesano, rallado
1 cucharada de hojuelas de perejil
¼ de cucharadita de cebolla en polvo
2 latas de carne de cangrejo Sea Fare, bien escurridas
1 lata de salsa de tomate, 15 oz.
1 cucharadita de orégano
1 cucharadita de hojas de albahaca
¼ de cucharadita de ajo en polvo
½ taza de queso mozzarella, rallado

INSTRUCCIONES:
Cocine los fideos según las instrucciones del paquete y escúrralos
bien. Combine el huevo, los quesos, el perejil y la cebolla en polvo.
Agregue la carne de cangrejo suavemente para evitar que se
desmenuce.
Extienda ⅓ de taza de relleno sobre los fideos, enróllelos con
fuerza y colóquelos con la juntura hacia abajo en un molde para
hornear de 9" por 12". Combine la salsa de tomate y las especias
restantes; verter sobre los rollitos. Espolvorea queso mozzarella
encima del rollito.
Cubra y hornee por 30 minutos a 375F.

99. Rollitos de espinacas

Rinde: 6 porciones

INGREDIENTES:
6 onzas de fideos de lasaña, sin cocer
10 onzas de espinacas, congeladas
1 taza de requesón bajo en grasa 2%
2 cucharadas de queso parmesano, rallado
¾ cucharadita de nuez moscada
¼ cucharadita de pimienta
½ cucharadita de cáscara de naranja
½ cucharada de diente de ajo picado
½ taza de cebolla picada
3 cucharadas de aceite de oliva virgen extra
½ cucharada de albahaca, seca
16 onzas de salsa de tomate, enlatada

INSTRUCCIONES:
Mientras se cocinan los 8 fideos de lasaña. Mezcle los ingredientes
2 a 7 para el relleno. Enfríe los fideos cocidos y colóquelos planos.
Extienda dos o tres cucharadas del relleno sobre los fideos cocidos
y enrolle de punta a punta. Párese en una cacerola de dos cuartos
o en un molde cuadrado de ocho pulgadas engrasado. Luego
preparar la salsa con el resto de ingredientes.
Saltee el ajo y la cebolla en aceite de oliva hasta que estén tiernos.
Agrega la albahaca y la salsa de tomate. Revuelva para mezclar
completamente. Vierta sobre los fideos de lasaña y hornee a 350
durante 20 minutos.

100. Rollitos de lasaña de verduras

Rinde: 1 Receta

INGREDIENTES:
1 taza de queso ricotta parcialmente descremado
¼ taza de queso mozzarella parcialmente descremado
¼ taza de queso parmesano recién rallado
8 onzas de espinacas frescas, lavadas y picadas en trozos grandes
1 lata (15 oz) de frijoles blancos escurridos y enjuagados
2 cucharadas de orégano fresco picado
2 cucharadas de cuenco fresco picado
8 onzas de fideos de lasaña crudos
3 cucharaditas de aceite de oliva extraclaro con un chorrito de aceite de sésamo
2 tazas de cebolla picada
2 dientes de ajo, pelados, picados
2 tazas de berenjena finamente picada
1 pimiento rojo grande, sin semillas y finamente picado
2 cucharadas de pasta de tomate baja en sodio
¼ de cucharadita de hojuelas de pimiento rojo
1 taza de vino tinto
1 lata (16 oz) de tomates enteros con líquido
1 cucharada de jugo de limón recién exprimido
½ cucharadita de sal recién molida
½ cucharadita de pimienta negra recién molida
2 cucharadas de queso parmesano recién rallado

INSTRUCCIONES:
Combine en un tazón grande los tres quesos, la espinaca, la mita de los frijoles, la mitad del orégano y la mitad de la albahaca. Dejar de lado.
Cocine los fideos al dente. Enfriarlos bajo agua fría cuando estén cocidos como te gustan.
Precaliente el horno a 350F. Vierta 1 cucharadita de aceite en un sartén grande a fuego medio-alto y fría las cebollas y el ajo durante 5 minutos, revolviendo con frecuencia. Transfiera la mit

al relleno de espinacas y queso y reserve la otra mitad. Limpie la sartén.

Agregue 1 cucharadita de aceite a la misma sartén y, a fuego medio, cocine la berenjena durante 8 minutos, revolviendo con frecuencia. Es importante que el fondo de la sartén no se queme. Vierta la berenjena cocida en la mezcla de relleno y revuelva bien. Limpie la sartén.

Agregue el aceite restante a la misma sartén y, a fuego medio, cocine el pimiento rojo durante 3 minutos. Vierta la pimienta cocida en la mezcla de relleno. Limpie la sartén.

Agregue la pasta de tomate a la misma sartén y, a fuego medio, cocine hasta que se dore, aproximadamente 5 minutos. Es muy importante que no se queme sino que se dore. Agregue las hojuelas de pimiento rojo y el vino, hierva, baje el fuego a fuego lento y reduzca el líquido en aproximadamente una cuarta parte, aproximadamente 15 minutos. Agregue los tomates enlatados y su líquido, revolviendo hasta que los tomates se rompan en pedazos.

Agregue los frijoles restantes, el orégano, la albahaca y las cebollas y el ajo cocidos reservados y cocine por 5 minutos a fuego lento muy bajo. Agregue el jugo de limón, la sal y la pimienta negra y mezcle bien.

Coloque los fideos de lasaña sobre una tabla para cortar. Forme ½ taza del relleno en una bola áspera, colóquela en un extremo de la lasaña y enróllela de extremo a extremo. Repita con los fideos restantes.

Vierta la salsa en un molde para hornear de 9" X 13". Coloque los rollos de lasaña encima, con la juntura hacia abajo, y vierta un poco de la salsa sobre ellos. Cubra con papel aluminio y hornee por 40 minutos. Retire el papel aluminio, espolvoree con queso parmesano y hornee por 5 minutos.

CONCLUSIÓN

Aquí encontrarás molinetes fríos y calientes que son perfectos para fiestas. Algunos están hechos con tortillas, mientras que otros usan hojaldre o incluso masa de pizza: los rollos de pizza de pepperoni son imprescindibles para los adolescentes hambrientos. ¿Desea agregar una receta de molinete a su mesa de refrigerios del? Hay toneladas de molinetes llenos de sabores del día del juego, como pollo a búfalo, bistec con queso y jalapeño popper. No importa qué roll-up elija, estos sencillos aperitivos son los favoritos de la fiesta.

Ingram Content Group UK Ltd.
Milton Keynes UK
UKHW021840100723
424883UK00008B/59